JN147306

TIME TALENT ENERGY

組織の生産性を最大化するマネジメント

ベイン・アンド・カンパニー
マイケル・マンキンス｜エリック・ガートン 著
石川順也｜西脇文彦｜堀之内順至 監訳・解説
斎藤栄一郎 訳

プレジデント社

TIME TALENT ENERGY

by Michael Mankins, Eric Garton

Copyright ©2017 Bain & Company

Published by arrangement with Harvard Business Review Press
through Tuttle-Mori Agency, Inc., Tokyo.

日本語版へのまえがき

「事業は人なり」とは松下幸之助氏の名言である。

「人なり」が組織アウトプットを生み出し、競争力の源泉たる「組織生産力」を規定する。ここでいう「組織生産力」とは組織に帰属する「個の強さ」と「組織マネジメント」の積である。これらが企業戦略に合致し、その力を最大限かつ競争優位に発揮することで競合との戦いに勝利し、持続的成長をもたらすのである。

日本は２０１０年を境に人口減少へと転じた。今後は労働人口減少による労働力不足が本格化してゆく。

世の中には個人の生産性向上への自己啓発・ノウハウといった「個の強さ」への取り組みが溢れている。また、「働き方改革」を通じた会社と社員のあり方への取り組みが声高に叫ばれている。

果たして、これだけで日本、日本企業は「組織生産力」のグローバル競争に勝てるのだろうか？

かつての「日本型モデル」は、失われた20年にも象徴されるようにその優位性が薄れ、制度疲労が起こっている。これに労働力不足が追い打ちをかけて日本企業の「組織生産力」にはかつてないほどのチャレンジとなっている。

転換は必至だ。「組織マネジメント」とその向上ドライバーを見つめ直し、経営改革へとつなげることが戦略的にきわめて重要といえよう。

本書では、ベイン・アンド・カンパニーのパートナーであるマイケル・マンキンスとエリック・ガートンによる、「Time（時間）」「Talent（人材）」「Energy（意欲）」を通じた企業の組織生産力マネジメントの考え方に関して論を進めてゆく。ベインの調査から、経営戦略の根幹である組織生産力マネジメントにはグローバルに共通の肝があることがわかっている。日本企業にとって、組織生産力マネジメントの巧者たることは、労働力減少下で競争優位性の源泉を再強化することにつながる。

本書日本語版では特別に最終章に日本企業に関する調査（ベインとプレジデント社による共同調査）の結果を記載した。調査を通じ、日本企業の組織生産力の驚くべき劣位が浮き彫りになっている。日本企業の組織生産力マネジメントの課題と今後向かうべき方向について論じているので参考となれば幸いである。

尚、日本語版の刊行に当たっては、数多くの方々に大変にお世話になった。特に、プレジデント社の中嶋愛様、安田敦様、竹田佳恵様。

日本についての調査・分析に当たっては、ベイン・アンド・カンパニーの中井省吾、マーケティング／広報チームの西由希子、福田千春。加えてベインのグローバル・東京オフィスの仲間からは様々なアイデアやアドバイスを惜しみなく提供してもらった。

この場を借りて心より感謝申し上げたい。

TIME
TALENT
ENERGY

［目次］

PART 1

TIME

【時間】

PART 2

TALENT

【人材】

PART 3

ENERGY

【意欲】

本当に希少な経営資源

時間が止まっているかのような企業があまりに多い。昔ながらのやり方で競争力を高めようとしても、答えは見つからない。それどころか、業績向上や競合に勝つ最大のチャンスをみすみす取り逃がしているのだ。

詳しく説明しよう。

戦略とは、経営資源の配分という技であり、知である。CEOをはじめとする経営陣の仕事は突き詰めれば戦略づくりにほかならない。有能なリーダーは、組織の貴重な経営資源の配分に長けているから、ライバルに勝てるのだ。

過去50年近くにわたって企業経営者のいちばんの悩みは資金繰りだった。カネには限りがある。だから、必要な資金を確保して、誰よりも上手に使いこなすことができれば、トップに躍り出る可能性も高かった。

ゼネラルエレクトリック（GE）やバークシャー・ハサウェイといった企業は、資金を使う際の基準・原則が非常にしっかりしていると賞賛を集めた。ボストン・コンサルティング・グループが開発した有名な事業分析の手法にBCGマトリックスというものがあるが、これも資金の配分を企業戦略の中核に据えている（低成長率でも市場シェアの大きい稼ぎ頭の事業＝「カネのなる木」を育て、そのカネを高成長率でシェアの大きい花形事業につぎ込むことをよしとする考え方である）。最近のM＆A（買収・合併）という考え方も、基本的には資金がそれなりに希少で、資金調達コストが高いことを前提としている。その証拠に、大きな取引で割高な買い物をすれば、会社の株価に影響する。つまりは節度を持って資金を管理できることが、ビジネス成功の大原則だったのである。

だが、もうそういう時代ではない。

資金はふんだんにあり、その調達コストも安い。ベインのマクロトレンド・グループによれば、世界の資本総額はこの20年間で3倍以上に膨れ上がり、いまや世界のGDP総額のざっと10倍だという[1]。資金が豊富になるにつれて、資金調達コストは下がる一方だ。多くの大企業にとっては、税引後の資金調達（借り入れ）コストはインフレ率を下回っていて、実質的な資金調達コストはゼロに近いところをさまよっている。そこそこ儲かっている会社なら、設備投資や新製品開発への投資、新規市場への参入、あるいは企業買収でさえも、難なく資金が調達できる時代なのだ。

だからといって経営陣が資金管理をおろそかにしていいわけではないし、下手をすれば墓穴を掘る危険もある。とはいえ、資金の配分はもはや競争力の源泉にはならないのである。

ではいま、希少性のある経営資源、つまり競争力の源泉とは何だろうか。

ほとんどの企業にとって本当に希少な経営資源は、「時間」「人材」「意欲」である。そして社員が生み出して具体的なかたちにするアイデアだ。優れたアイデア1つで会社が長年トップに君臨することもある。アップルのiPhoneしかり、動画配信サービスの米ネットフリックスのオリジナル作品路線しかり。フェイスブックの「いいね」マークもその延長線上にある。

そこまで大きなアイデアでなくても、日々のちょっとしたアイデアが競合他社との差別化に貢献することはよくある。だが、アイデアだけあっても勝手にそれがかたちになるわけではない。

社員やチームがコツコツと時間を割いて働くだけでなく、大きな違いを生み出せるスキルを発揮し、独創性や熱意を持って仕事に打ち込んで初めてアイデアはかたちになる。いまは豊富な資金が超低コストで難なく確保できる素晴らしい時代だ。そんな時代に、一流企業になれるかどうかは、リーダーの人材管理能力にかかっている。

ここで言う「人材」という言葉は、成果を生み出す能力を備えた人とその生み出すアイデアを含む広い意味で使っている。企業が能力ある人材を集めれば集めるほど、付加価値を生み出す任務にその時間を効果的に割り当てることができる。そしてこうした人材が職場で意欲を発揮すればするほど、その生み出すアイデアの質が上がり、成果は増えていく。

見当違いの動きや短絡的な行動を繰り返して資金を無駄遣いしている企業が散見されることはご承知のとおりだが、これと同じように、いま、貴重な時間、人材、意欲を浪費している企業がじつに多い。しかも知らず知らずのうちにそうなっているケースがほとんどだ。

企業にはさまざまな場面やステージがある。新製品の発売、市場の新規開拓、他社・他事業の買収もあれば、小さなベンチャーがグローバル企業に育っていくなかで、組織体系を整え、プロの経営陣を招くようになり、チェック・アンド・バランスの仕組みやら業務プロセスやら経営ポリシーやらが追加されていく。だが、そのころからいわゆる「大企業病」に見舞われ始める。

新製品、新市場、新規事業が追加されるたびに組織構造は複雑になり、コストは膨らみ続け、意思決定は遅れがちになる。社員は、社内の不必要なやり取り、不毛な会議やどうでもいいような会議、余計なオンラインコミュニケーションに無駄な時間を割くようになる。何をするにしても、そこかしこに組織の壁が立ちはだかる。会議に次ぐ会議、はびこる官僚体質にがんじがらめにされていたら、まともなアイデアなど浮かぶわけもない。

この大企業病の症状を可能な限り排除できたとしても、業績に響くような人材の配置やチームづくりをしかねない。たとえば、超優秀な人材を組織全体に均等に配置してしまうと、戦略や業績に直結しそうな部署にこうした人材を重点的に置けなくなる。

人材管理で平等主義を貫くことは一見公平な気がするし、むしろ賞賛されてもおかしくない。だが、それが素晴らしい成果をもたらすことはめったにない。優秀な人材でチームをつくれば、アイデアづくりや計画実施の際にいわゆる戦力倍増効果が発揮されるが、間違った平等主義を貫けば優秀な人材が散り散りになってこの効果をフルに引き出せないからだ。

つまり、そこには目に見えない何かがある。それが意欲だ。言い換えれば社員が仕事で発揮する熱意や使命感である。機能不全に陥っている企業文化や労働環境は、人々の意欲を蝕み、組織の士気をくじき、生産性にも悪影響を及ぼす。

大部分の社員が当事者意識を持ち、少なくとも数人はやる気を発揮する環境でなければ、継続的に優れたアイデアや満足のいく成果を出し続けることは難しい。

今日、一流と言われるＣＥＯは、こうした希少な経営資源の管理能力がずば抜けている。かつては資金の投じ方が競合他社より一枚上手の企業があったように、時間、人材、意欲を上手に管理できる企業こそ、いまの競争を勝ち抜く企業なのである。

たとえば動画配信サービス大手のネットフリックスがいまの地位を築いたのは、ブロックバスターよりもビジネスモデルが優れていたという理由だけではない。業界首位に上り詰め、長らく不動の地位を獲得できているのは、業界トップクラスの優秀な人材を集めてしっかりとつなぎ留め、効果的に活用しているからだ。

1998年から2012年まで同社の最高人事責任者を務めたパティ・マコードは、次のように語る。

「社員にしてあげられる最高のご褒美は、フットボールの観戦チケットを配ることでも寿司を振る舞うことでもない。彼らの同僚として一流の人材だけを採用すればいいのだ。優秀な同僚はすべてに勝る」。

ネットフリックスが採用するのは、「大人として振る舞える人格者で、会社に対する使命感があり、自ら思慮分別を働かせて責任を果たすことを心得ている」自立した人物だ。

同社には休暇の規則も交通費の規則もない。官僚主義の温床になるからとの理由で、正規の勤務評定もない。成績については、絶えず隠し立てなく率直に話し合うことを奨励している。人材に強みがあるからこそ、会社としてビジネスモデルを変化させ、この10年、業界首位の座を着々と固めてきた[2]。

もう1つ、ダビータという大手透析事業会社の例も紹介しておこう。じつは同社は1999年に経営破綻寸前だった。

新CEOに就任したケント・ティリーが現場の社員数千人の当事者意識を高めて、やる気にさせる企業文化をつくり上げるや、堰を切ったように意欲とアイデアが湧き出し、見違えるような会社に変わった。

当初、ティリーは次のように語っていた。

「この会社の手段と目的を入れ替えるつもりです。当社はコミュニティ（人の集まり）であることが第一であって、事業集団としての会社はその次です」。

ダビータがコミュニティ化を宣言してからすでに10年を優に超える。そこでは社員はチームメイトや市民であって、ティリーはその〝市長〟のような存在だ。患者のために本来の務めを越えて努力した人がいれば、必ずスポットライトを当て、褒め称える。

「ダビータが開催している全米規模で大きく盛り上がる集会では、数千人に上る社員が一堂に会して受賞者に賞賛を送り、亡くなった患者の冥福を祈り、仕事上のさまざまな思いを披露し合うなど、その様子はなかなかの見ものだ」と『ハーバード・ビジネス・レビュー』の記事に取り上げられている。

ティリーは帰属意識と当事者意識の強化に力を注いでいる。だからこうした集会の締めくくりに、彼が「この会社は誰のものですか？」と問いかけ、一同が「わたしたちのもの！」と応えて幕を閉じる。ティリーがＣＥＯに就任してからダビータの時価総額はそれまでの２億ドルから１３０億ドル以上に膨れ上がっている[3]。

次の例はベルギーの大手酒類メーカー、アンハイザー・ブッシュ・インベブ（ＡＢインベブ）だ。成熟した業界には、巨大な企業、世界的な有力企業があり、往々にしてこの手の組織は官僚体質や生産性を削ぐ手続きで疲弊しているものだ。

だが、ＣＥＯのカルロス・ブリト率いる経営陣は、官僚体質や時間の無駄を元から断つことに組織を挙げて力を注いでいる。オフィスではみんなで大きなテーブルを囲んで仕事をするので人間関係のハードルが低く、そこかしこで必要な人同士が直接気軽に話し合ったり、物事を決めたりできるようになっている。

組織が縦割りになっていると、情報は横に広がらず、何人もの上司が首を突っ込んで吟味に吟味を重ねた末にトップにたどり着く。だが、この会社では、誰もが意思決定に必要なデータに手早く簡単にアクセスできる。だから情報が組織の隅々にまで行き渡る。

ＡＢインベブの企業文化では、社内メールはご法度だ。対面のコミュニケーションや、思いついたらすぐその場で少人数でミーティングをすることがよしとされる。しかも、プレゼンが

図表0-1

上位4分の1の優良企業は10年後にその他の企業と比べて生産能力が30倍以上に

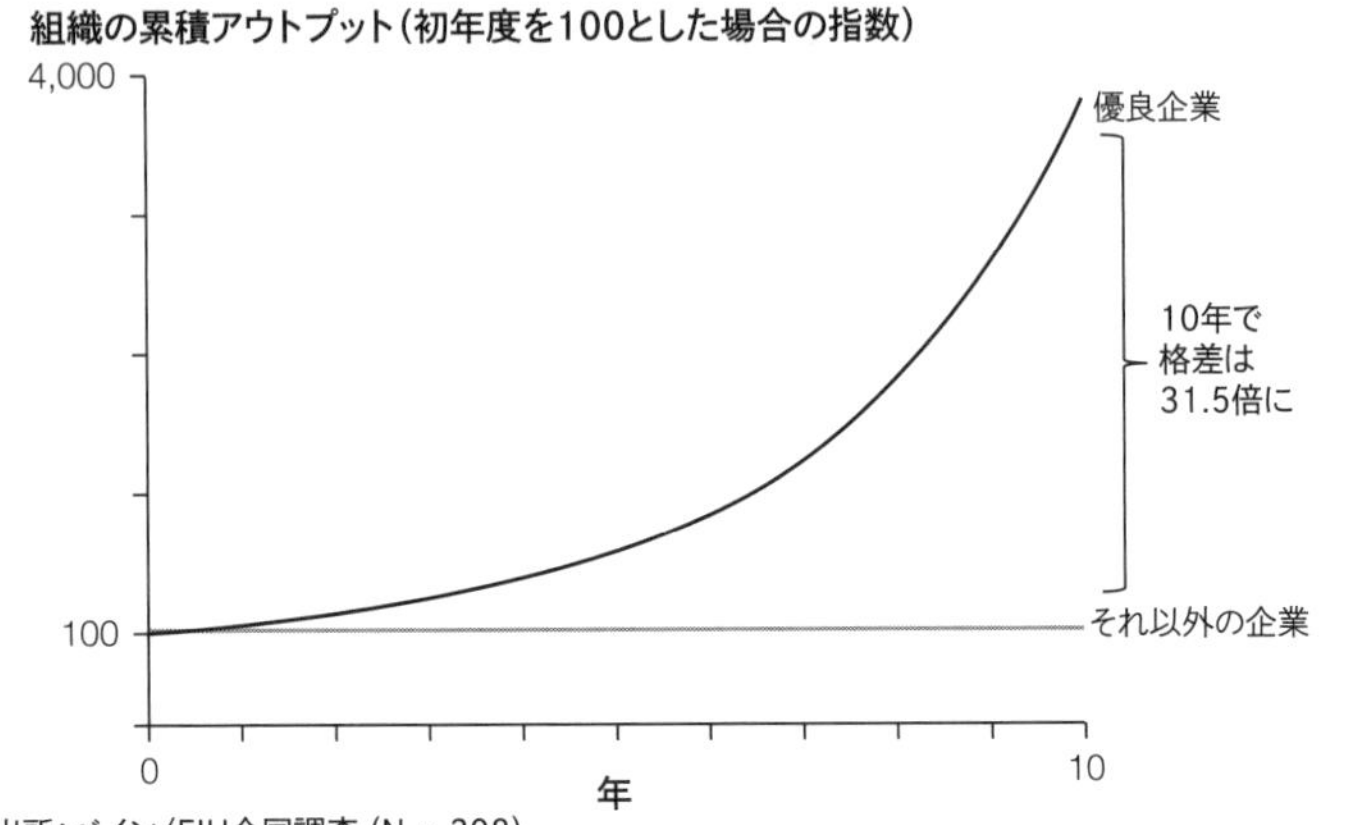

出所：ベイン/EIU合同調査（N = 308）

目的ではなく、あくまでも議論するためでなければならない。なるほど、時間を無駄にしない仕組みなのだ[4]。

このような事例からもわかるように、時間、人材、意欲の管理がずば抜けている優良企業と、それ以外の企業（下位4分の3）の間には雲泥の差がある。詳しくは第1章に譲るが、企業全体のうち上位4分の1は、下位4分の3の平均と比べて、生産力が40％も上回っているのである。

これはとてつもないメリットだ。営業利益率に換算すれば、多くの場合、業界平均より30～50％も高くなる。この差が大きくなるにつれて、トップ集団とその他の格差は年々広がる一方だ。上位4分の1の企業は、10年でそれ以外の企業（下位4分の3）と比べて生産能力が平均で30倍以上になっている（図表0-1参照）。

残念ながらほとんどの企業は、こうした変化に取り残されている。資金の管理に関しては厳格な手続きを温存しており、実際、そうあるべきだろう。各社ともハードルレート（目標とする利益率）を設定していて、新規投資に当たっては採算性について説得力のある説明が必要とされる。

ところが、本当に希少な経営資源である時間、人材、意欲に関して、同等の厳格さを持って管理できている企業はあまりに少ない。多くの企業は、経営陣や社員が勤務時間中にどうすごしているか把握できていない。

せっかく能力の高い人材を採用しても、そのような人材を使ったチームづくりや配置が空回りしているのだ。また、社員の当事者意識ややる気を引き出すことにも失敗しているから、本来なら社員の気持ちひとつで発揮してもらえるはずの溢れんばかりの意欲や努力がまったく活きていないに等しいのである。

しかも会社が困難に見舞われれば、最初に手をつけるのは社員の首切りときている。いや最初の一手どころか、それが唯一の対策である会社も珍しくない。そもそもこういう対策自体、社員のやる気を削ぐ手段だ。当然、生産性にも影響が及ぶ。

こうした状況を一変させるために生まれたのが、本書である。これまで資金の管理に配慮してきたのと同じ姿勢で、組織が持つ時間、人材、意欲を管理するにはどうすればいいのか。単なるコスト削減ではなく、社員の生産性を高めるにはどうすればいいのか。

主な対象読者は、本当に希少な経営資源の配分に最終責任を負うべきCEOなどの経営陣である。だが、事業部や部門、チームなどを率いるリーダーにも読んでいただきたい。こうしたリーダーの多くは、本当に希少な経営資源を上手に管理すれば、いますぐにでも生産性を高めることができるからだ。

本書が提唱する改革はそれなりに困難を伴うが、その代わりに組織の生産力が30～40％改善されることも多い。挑戦してみる価値は十分にある。まずはこの大きな可能性について理解を深めることが先決だ。

その第一歩として、第1章ではスピードを巡る不可解な現象を見ていこう。

第1章

組織の生産力を最大限に引き出すには

いま、ビジネスの世界が目にも留まらぬ速さで変化しているという。ある意味でそのとおりだ。あらゆる技術が刻々と進化している。威勢のいい新興企業が現れては、老舗企業を翻弄している。あれこれ例を挙げるまでもないだろう。

だが、ほとんどの大企業の立派なオフィスを訪れると、目の前の信じられない状況にショックを受ける。

そこには電光石火の速さだとか、インターネット時代の時間の流れといった、スピード感を表す言葉とは無縁の世界が広がっている。時間がゆっくりと流れているのだ。だらだらと終わらない会議。メールは返信もしないままほったらかし。スケジュール遅れは日常茶飯事で、意思決定は先送りだ。

なるほど、誰もがありえないほどに忙しそうにしている。みんなパソコンの画面とにらめっこで、これ見よがしにキーボードを叩きまくっている。会議に次ぐ会議、電話はひっきりなしで、昼食もデスクから離れず、片手間にほおばっている。地球の裏側辺りにいる同僚と長時間かけてコラボレーションを進めているから、早出・残業は当たり前だ。

にもかかわらず、その結果として残るもの、つまり彼らが実際に生み出す成果はどう考えても小さすぎるのだ。

エコノミストなら、２００７年以降は全体的に生産性の伸びが明らかに鈍化していて、業界によってはインフレ率についていくのがやっとだからと指摘するかもしれない[1]。

こうした停滞基調にホワイトカラーの生産性が連動している可能性もあるが、オフィスワーカーに関する個別の統計を誰もまとめたことがないので、たしかなことはわからない。

もっとも、企業の世界で何かがおかしいなと気づくのに、いちいち統計を持ち出すまでもない。社員について経営陣に質問すれば、次のような不満の声が上がるはずだ。

「優秀な人材がいるはずだが、実際の成果には表れていない」

「社員の時間があまりに無駄に使われている。会議にメールにインスタントメッセンジャー。どうかしている」

「素晴らしい人材を採用しても、この会社に長くいるうちに彼らの強みが薄れていくような気がする」

「この会社はあまりにひどい官僚体質だ。とても仕事にならない」

不満を口にするのは、何も経営陣に限ったことではない。現場の社員や中間管理職は、会社の手続きや規則、延々と終わらない会議、おびただしい数のメールに辟易している。おまけに、組織の階層が多すぎて部門長には自分たちの声が直接届かないし、顧客の顔も見えないなど、不満が渦巻いている。そして決まって出てくるセリフが「これじゃ仕事にならない」。

階層を問わず誰もが何か結果を出さなければと考えていることはたしかだが、実際にできることとのギャップがあまりに大きすぎるようなのだ。

いまあるデータだけを見ても、組織が泥沼にはまり込んでいることは想像に難くない。調査・アドバイザリー会社のＣＥＢが先ごろ実施した調査によれば、多くの重要な任務に関して、達成に必要な時間と労力は２０１０年から２０１５年にかけて大幅に増加している。

たとえば新しい社員1人を採用するまでの所要日数は、2010年に42日だったのが、2015年には63日に増加している。オフィスのIT化プロジェクトも、2010年は9カ月弱だったのが、2015年は10カ月以上に増加した。B2B取引の販売契約締結までの所要期間も、5年間で22%増となっている。

また、多くの例から言えることだが、増えているのは時間だけではない。こうした任務の達成に必要な要員数も増加しているのだ[2]。

経済への影響は計り知れない。経営学者のゲイリー・ハメルとミシェル・ザニーニの試算によれば、企業のお役所体質で米国経済は年に3兆ドル以上もの損失を被っているという。ハメルとザニーニは、米国労働省労働統計局のデータを基に、管理職の余剰人員が1250万人もいて、これが経済に重くのしかかり、労働者の生産性を下げていると推定する。さらに、こうした上司の手足となって、価値があるのかどうかも疑わしい雑務に終始している部下の〝事務屋さん〟に至っては890万人にも上る可能性があるという。

合わせて2140万人を価値創出の職務に異動させれば、米国のGDPに年3兆ドル以上の浮揚効果があるというのが、ハメルとザニーニの試算だ。似たような官僚体質は、英国やドイツなどほとんどの先進国にはびこっていて、成果に悪影響を与えている[3]。

したがって、今日の企業は、戦略上これまでになかったような脅威にさらされているのだ。

外部環境はスピード化に拍車がかかっている。刻々と変化するデジタルの世界は、急成長の新興企業にとっては、もたついている既存企業を出し抜く絶好の機会になる。

一方、多くの既存企業は新陳代謝のスピードが落ちている。活気のない組織は、迅速な意思決定も行動もできない状態にあるため、もっと経営効率がよくて現在の環境にふさわしい革新的な競合他社の後塵を拝するリスクがあるのだ。

つまり、能力ある人々が毎日出社しているのに、ここぞという場面でそれぞれが思うほどに能力を発揮したり、責任を果たしたりすることができないのである。

こういう症状が出たら、いわゆる大企業病である。生産性の足を引っ張る組織制度上の問題が積み上がり、どういうわけか手つかずになったままの状態だ。大企業病になると物事のスピードが落ち、生産高の減少とコスト増を招く。また、意欲を削ぎ、人々の精神を消耗させる。

さらに大企業病は、最も有能な幹部や社員の努力を妨げ、「そんなことをして何になるんだ?」という考え方が幅を利かせるようになる。

わたしたちの調査によれば、対象となったほぼすべての企業が程度の差こそあれ、大企業病のために社員の生産力のかなりの部分を失っていた。いまこそこの生産性キラー問題に真正面から取り組む必要がある。

傑出した企業

いかにもありがちな現状と言えなくもないが、ちょっと待ってほしい。本来ならこんな結果になるはずはないのだ。

本書を執筆した2人は、合わせて50年近いコンサルティング経験があり、何百社もの大企業のコンサルティングを手がけてきた。コンサルティングを通じて、クライアント企業は人材の生産性向上の極意をしっかりものにしている。

前出のABインベブしかりで、こうした企業はどこも社員に時間を無駄遣いさせることはない。それどころか、官僚体質に陥ることなく、迅速な行動を奨励するためのさまざまなツールや手続きを用意している。同じく前出のネットフリックスでは、優秀な人材を集め、その能力を最も有効活用できるような体制を整えている。

また前出のダビータでは、社員の当事者意識とやる気を引き出すことに力を注いでいる。ほぼすべての業界で、このように傑出した企業が見つかる。小売業ならノードストローム、製造業ならフォード、ウェブ系ビジネスなら音楽配信サービスのスポティファイやCRMソリューションなどを手がけるセールスフォース・ドットコムがそうだ。

このような極端に優秀な企業とその他大勢の違いは何か。答えを探すために筆者は何年にもわたる組織の調査に乗り出した。グローバル企業25社の組織的監査を実施し、管理職対象のアンケートを通じて、各社の生産性に最も影響を与えたと管理職が考える要素を調査した。各組織の能力について、各クラス最高水準の企業と比較・評価し、戦略を効率的、効果的に実行するための人材、プロセス、技術を持っているかどうかを判定した。ピープルアナリティクス（人間の行動データの分析）、データマイニングなどのツールを駆使して、こうした組織の全体的な時間の使い方を評価した。

さらにカレンダーやメール、インスタントメッセンジャー、クラウドソーシングなどのデータを隅々まで徹底的に調べ、各社にとってどのような意味を持つのか分析した。また、ギャラップ、グラスドアといった外部情報源の情報も吟味して、各社での仕事ぶりを社員自身がどのように見ているのか把握し、各社社員の当事者意識や会社を支持する姿勢を評価した。

この調査の一部は、『ハーバード・ビジネス・レビュー』（ＨＢＲ）などに記事として掲載されることになった。少々古い話になるが、２００４年に筆者の１人であるマイケル・マンキンズは経営幹部向けに『Stop Wasting Valuable Time』（２００４年９月）という記事を執筆している。より最近では、マイケルをはじめ、ベインのパートナーが『Your Scarcest Resource』（２０１４年５月）という記事を発表し、ほとんどの企業が社員の貴重な時間をどのように使い、（残念ながら）どのように浪費しているかを指摘した。

また、マイケルらは、チームづくりや人材の配置が生産性と業績に与える影響を検証し、優れた企業がスタープレイヤーを上手に生かしてスターチームをつくり上げている様子を『Making Star Teams Out of Star Players』（２０１３年1月〜2月）という記事にまとめている。

こうした視点が読者の反響を呼び、『ＨＢＲ』デジタル版の連載として『Engaging Your Employees Is Good, But Don't Stop There』（２０１５年12月）などの記事が生まれている。

だが、これで終わりではない。筆者らは、人材管理が企業の生産力に及ぼす全体的な影響を調査・定量化しようと考えたからだ。

そこで、エコノミスト誌を擁するエコノミスト・グループの法人向け事業部門、エコノミスト・インテリジェンス・ユニットに委託し、世界の大企業の経営幹部３００人以上を対象としたアンケート調査を実施した。

この調査では、各社の慣行について経営幹部に評価してもらい、回答を詳しく分析した。アンケートは「平均的な社員は週に何時間働いていますか」とか「電話会議やテレビ会議を使った仕事は平均してどのくらいありますか」といった基本的な質問から始めた。

続いて、「社員のスキル不足、チームづくりのまずさ、ぱっとしない指導力が原因で、組織の生産力はどのくらい失われていますか」「不十分な自動化や効果のないコラボレーションによる損失額はどのくらいですか」「単に満足感を覚えているだけの社員と、真にやる気や意欲があふれる社員との間で、生産性に違いはありますか」といった組織の強みや弱みを分析する質問を行った。

また、実際に社員の生産性向上につながったベストプラクティス（成功事例）を紹介してもらう設問も用意した。さらに、今回の調査結果と、過去30年間のクライアント企業の経験を比較した。

結局は組織の問題

本書で伝えたいメッセージを手短に言うなら、「社員の生産性が実力どおり、あるいは要求どおりに発揮されないのは、社員ではなく組織に原因あり」ということになる。

社員の生産性は基本的に組織の問題であって、組織として解決すべき問題なのだ。仕事を進める際の組織上の障害は、企業が見つけ出して取り除かない限り、大きな成果が生まれることはない。

その意味を理解するには、まず基本に立ち返ることが大切だ。組織とは、独自のスキルや能力を持った個人の集まりである。また、各個人がそれぞれの時間を会社に振り向けるという意味で、組織は時間の集合体とも言える。どちらの経営資源も本質的に希少なものである。では能力はどうか。無能な労働者でもよければ難なく集められるが、有能なリーダーとなるとなかなか見つからないし、熟練労働者を集めるのも何十年かかることか。時間はもっと貴重だ。いくらカネを積んでも1日を25時間には増やせない。

では、意欲はどうだろう。各社員が労働1時間当たりに発揮できるひたむきさ、やる気、独創性と言い換えてもいい。士気が低下した社員や不満を募らせた社員は、自分が会社で無駄な時間をすごしていると考えがちで、大きな意欲を燃やそうとはしないものだ。大きなことを成し遂げられると感じている人々は、通常、大きな成果を上げる。社員が職場で大きな意欲を発揮すればするほど、彼らが生み出す成果の質も高くなるのだ。

以上をまとめれば、時間、人材、意欲という3要素が組織の生産力を左右することになる。組織の生産力とは、一定の数の社員が生み出すことのできる成果と言ってもいい。

先に紹介した傑出した異端の企業はまさにこのことを心得ている。この3つの経営資源を管理できなければ、大きな成果は望めない。

これは単によい人材を採用したり人員数を抑制したりすればすむわけではない。組織とは、所定の計画に沿って特定の作業を実行する個人の集まり以上の存在だからだ。

社員が持つ生産力を最大限に引き出すには、組織を全体として捉える必要がある。これは資金に置き換えてみれば一目瞭然だ。全体計画もなく、計画に合致する投資かどうかの分析もないまま、資金を投資することなど考えられないはずだ。

同様に、人も組織も資本である以上、全体像を見なければならない。何か問題が発生したら、ここに1枚、あちらに1枚というふうに絆創膏を貼るような対症療法ではなく、組織全体の改革につながるような投資を考えなければならない。

この成果向上の取り組みは直感的でわかりやすいはずなのだが、誰もこのように考えようとしない。成果や生産性に関する調査・文献といえば、社員が個人の生産性向上のために実行できる活動や、企業が効率化のために実施できる施策に特化したものがほとんどだ。

この手の助言の大部分は役に立つものだが、その効果は当の組織が大きな足かせになっていることが多い。たとえば、成績優秀者の習慣を真似せよなどとアドバイスされたところで、それが組織の習慣と食い違っている場合はどうするのか。せっかく身につけた習慣をどこでどう発揮すればいいのか、ほとんど教えてもらえないのが一般的である。

幹部は効率化のための再構築やリエンジニアリングを学んでも、企業文化の要素を変える方法は学ばない。こちらのほうがプロセスそのものよりも成果を大きく左右するにもかかわらず、である。

もちろん、人材の管理は誰もが重視している。ところが、大変な影響力のある人材が組織内にいたとしても、その発見や評価、開発、活用、チームづくりに用いられる一般的な手法は、時代遅れの人事施策に根ざしていて、もはや狙いどおりの結果を出せなくなっているのだ。こうした施策に不満を抱く幹部の一部が先頭に立って抵抗することもあり、その証拠に「人事に反感を抱きたくなる理由」を解説する記事はいくらでもある。しかし、最終的には「できなければ取り替える」というやり方に陥ってしまう。

スタープレイヤーであっても、組織内の幾多の障害を乗り越えて業務上の非常に難しいゴールを達成できなければ、幹部は、代わりの人材を投入するよう求められるのだ。

可能性を定量化する

アンケート調査に基づき、わたしたちは「大企業病のために企業はどのくらいの生産力を失うのか」「的確な人材管理でどの程度まで生産力損失分を補填できるのか」「社員が気持ちひとつで発揮できる意欲を上手に引き出すことができれば生産力をどこまで高められるのか」という3つの重要なポイントについて、定量モデルを作成した。

そのうえで、最も成功している企業と平均的な業績の企業の格差を評価した。このモデルから見えてくる全体像は、組織ならぜひ考察しておきたい。また、ここに関わってくるさまざまな要素の定量的な効果についても推定できる。このため、改革のための投資が割に合うのかどうかも評価できる。

ただし、データは自己申告の予想に基づいていることから、取り扱いにはそれなりの注意が必要だ。だが、調査で出てきた数値は、概してわたしたちの経験則から導き出した予想に近いものだった。また、ベインの内部やクライアントが実施する生産性調査とも一致する。企業が社員の生産性をフルに引き出そうと組織の再構築を検討する際の規模感もはっきりとわかる。

調査の結果、次のような点が見えてきた。

大企業病は時間の無駄と生産性の低下を招く

平均的な企業の場合、大企業病にかかると生産力の20％以上を失う。慣習にせよ、手続きにせよ、組織構造にせよ、いずれの面でも時間の無駄が増えて、成果は制約されるのだ。

大企業病は不可避で、ときには水面下で病気が進行するために企業の新陳代謝が低下し、やがて健全な状態を保てなくなる。人間にたとえれば高血圧のような慢性疾患だから、絶えず目を配っていないと、いつか病に倒れてしまう。

大企業病のために、ほとんどの企業が生産性の損失を被っている。本来なら能力的にも体制的にも一定の生産力を発揮できるはずなのに、それを大幅に下回ってしまうのである。

現実的には、この損失は20％どころではない可能性もある。たとえば、わたしたちがクライアント各社を調査したところ、平均的なライン監督者の労働時間のうち、無駄な会議やオンラインコミュニケーションに費やされた時間は25％以上に及ぶことがわかった。

言い換えれば、週に1日以上は不必要なやり取りに終始していることになる。開くべきではない会議、参加を依頼されるべきではない会議に出席し、送信すべきではないメールを書き、受け取るべきではないメールを読まされているのだ。

しっかりとした能力管理があれば、大企業病で失われた生産性の一部を補填できる

生産力が落ちると、企業はまるでそれが本能であるかのように、もっと優秀な人材の採用、育成、つなぎ留めに力を入れ、こうした人材を投入して生産性向上をめざそうとする。

だが、平均的な企業の場合、人材管理だけでは、大企業病で低下した生産力の半分も取り返せないことが明らかになった。

もちろん、他の社員よりもはるかにスキルが高いとか、他の社員への大きな刺激となるような優秀な人材は、平均的人材と比べてはるかに生産性が高い。

わたしたちの調査対象となったトップ企業を見ると、普通よりも優秀な人材の割合がやや大

きく、それ自体は驚くに当たらない。だが、トップクラスの業績を上げている企業の場合、単なる割合の違いだけでなく、最優秀の人材を限られた重要な職務に集中させていたのだ。

つまり、優れた企業は、いるといないとでは大違いの、〝違いを生む〟人材を多数抱えているだけでなく、こうした「ディファレンスメーカー」を業績に最も大きな効果をもたらす職務に配置していたのである。

また、生産性が最も高い企業は、チームの編成・展開方法でもはるかに一貫した姿勢が見られる。社運がかかったような事業があるときには、躊躇なくオールスターチームを編成するのだ。そして、社内の全チームが効率的、効果的にコラボレーションをしながら仕事を進められるように手を打っている。

要するに傑出した異端の企業は、単に優秀な人材を採用することよりも、チームづくりのほうが重要だと認識している。というのも、ほとんどの仕事はチームで成し遂げるものだからだ。

社員が当事者意識を持ち、やる気が溢れる状態になれば、生産性の損失分を補って余りある

ほとんどの企業は、社員に当事者意識を持たせようと必死だ。社員をその気にさせようとあの手この手を使っている企業もある。このようにして、企業は社員の気持ちひとつで左右され

る意欲を職場で発揮させようとしているのだ。

これは間違っていない。こうした方法はときとして生産性にとてつもない効果をもたらす。わたしたちの調査でも、自分の仕事に満足している社員はそうでない社員と比べて40％も生産性が高いことがわかっている。さらに、当事者意識を持つ社員は、単に満足感を持って働いている社員よりも44％も生産性が高く、職場でやる気に溢れた社員は、単に満足感を持って働いている社員よりも125％近く生産性が高いのである。

つまり、満足感を持って働く社員約2・25人が処理できる仕事量は、やる気溢れる社員がたった1人で処理できる仕事量と同じなのだ。組織内に当事者意識ややる気溢れる社員の割合が大きいほど、会社としての生産力も高くなるのである。

すでに見てきたように、時間、人材、意欲が組織の生産力を決める。だが、ここに悲しい真実がある。超優良企業以外は、大企業病で生産力を大幅に失い、これを補塡するには適切な人材マネジメントを行い、社員の当事者意識を高めるしかないという真実だ。

生産力指数

具体的な規模感をつかむという意味では、組織の生産力を指数化するとわかりやすい。企業の初期状態を100としよう。つまり、おおむね満足していて、生産的な労働に所定の時間の100％を振り向けられる社員が平均的な割合で存在する場合の生産量を100と想定する（図表1-1の左端の項目がこの初期値である）。

この基準となる100から、大企業病による生産力損失分を差し引く。時間を無駄に消費し、社員が本来発揮できたはずの生産性を押し下げるあらゆる要素が、この損失分だ。これが図表1-1の左から2列目の項目である。ご覧のとおり、平均的な企業では大企業病のために生産力を21％も失っている。この結果、指数は79に減少する。

次に、人材構成、コラボレーション慣行、チームづくり・人材配置の手法によって組織が得られる利益（もしくは損失）を計算しよう。平均的な企業は、能力管理で10ポイント取り返して、指数は89になる。

最後に、満足感のある社員、当事者意識のある社員、やる気のある社員の多少が生産性に与える効果を計算する。この要素はかなり結果を左右する。平均的な企業は社員の当事者意識の

図表1-1

平均的企業は、人材と意欲のマネジメントで大企業病による時間のロスをかろうじて取り返している

組織生産力指数：調査企業の平均

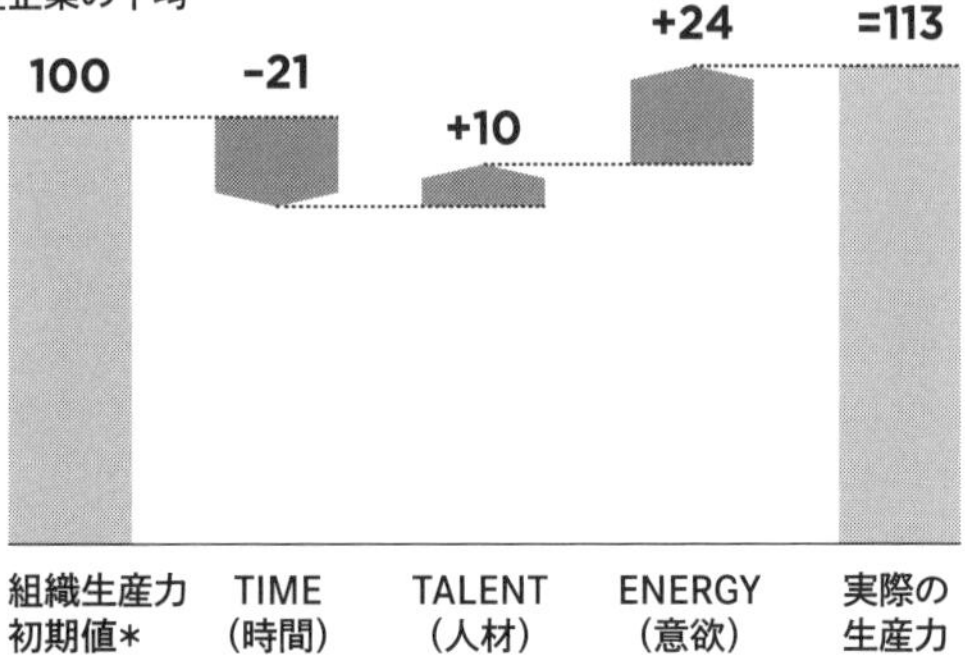

出所：ベイン/EIU合同調査（N=308）

レベルで24ポイントを獲得する。

さて、最終的な結果を見てもらいたい。平均的な企業はかろうじて水面から顔を出して生きながらえている状態だ。初期値が100だった生産力指数は、結局113である。

では、優良企業（上位4分の1）とそれ以外の企業（下位4分の3）の違いを考察してみよう。差は歴然だ。先に紹介したネットフリックスやABインベブといった優良企業は、優れた組織を運営することで競合他社をどのくらい上回っているのかよくわかる。

図表1-2の上のグラフに注目してもらいたい。見方は図表1-1と同じで、大企業病の影響、能力管理の効果、社員全体の当事者意識ややる気のレベルが生み出す意欲が織り込まれている。

グラフによれば、それ以外の企業（下位4分

図表1-2

優良企業vsその他の企業

組織生産力指数：下位4分の3の企業

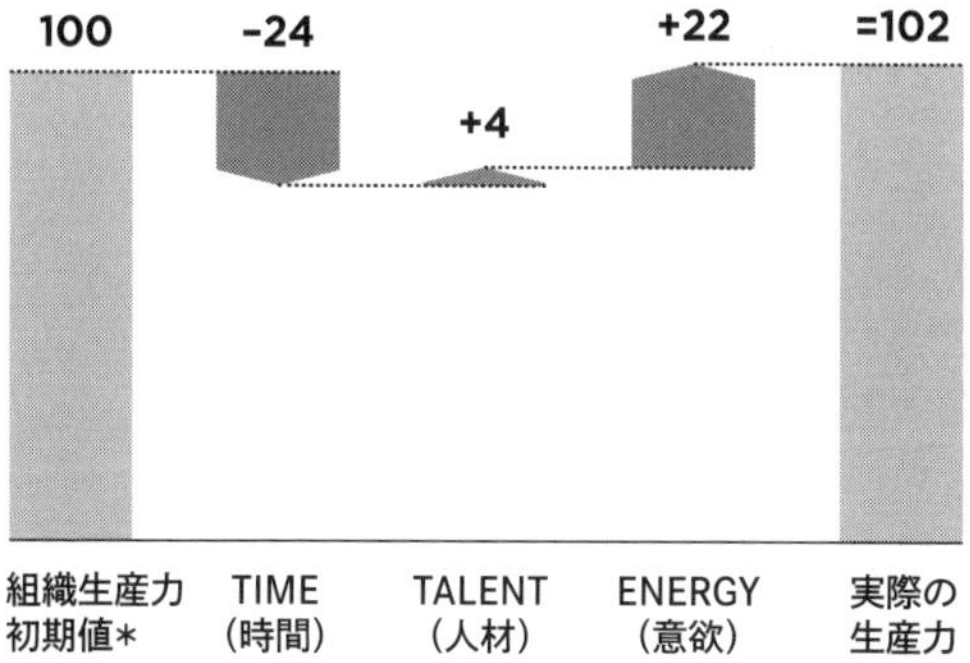

組織生産力指数：上位4分の1の優良企業

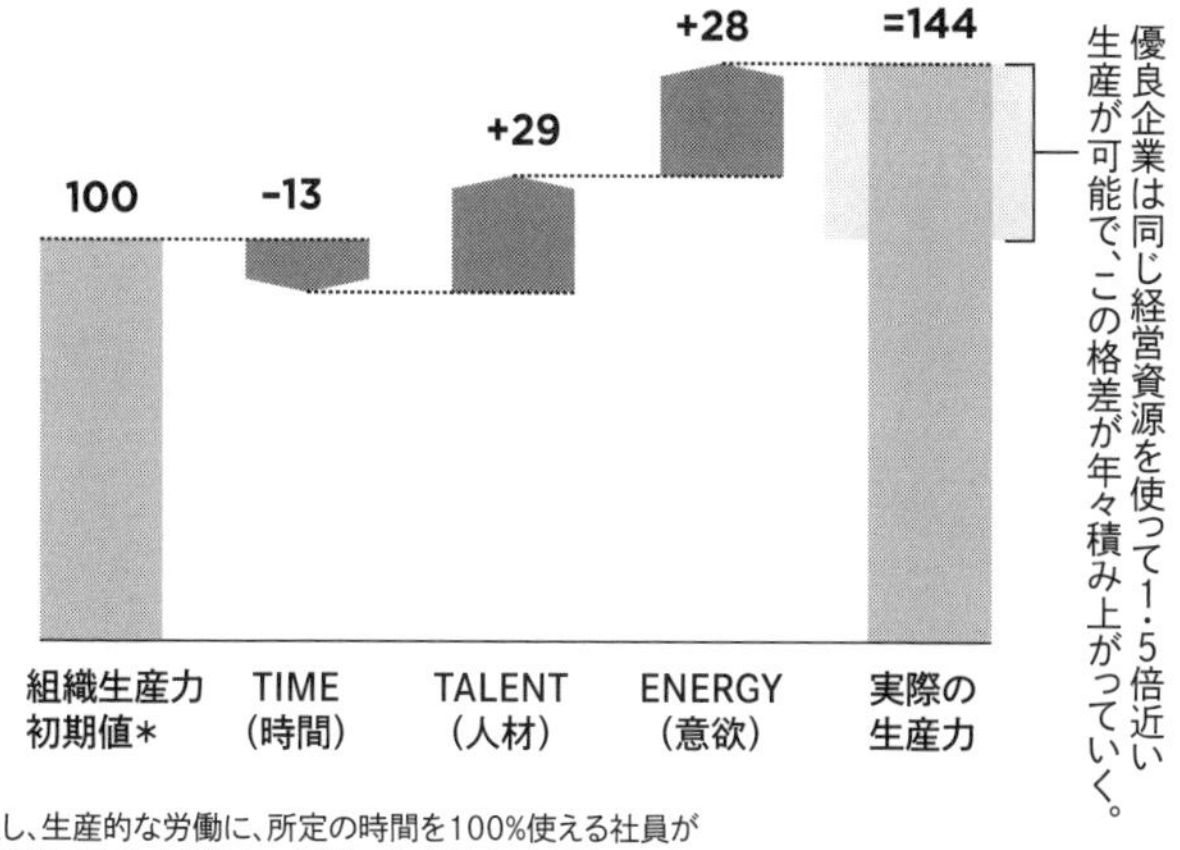

*概ね満足し、生産的な労働に、所定の時間を100%使える社員が
平均的な割合で存在する場合の組織の生産量を100としている

出所：ベイン/EIU合同調査（N-308）

の3）は、人材、意欲の管理で盛り返したとはいえ、生産力指数は１０２どまりだ。有能な人材がいないわけではない。だが、組織のなかでその力が削がれてしまい、経営幹部は上手な能力管理で補填することも、当事者意識・やる気の強化で補填することもできなくなっているのである。

一方、下のグラフからもわかるように、優良企業はまるで違う。このグループの企業は、大企業病による損失がはるかに少なく、13ポイント減であるのに対して、それ以外の企業（下位4分の3）は24ポイントも失っている。

また、トップ企業は、人材や意欲で損失を補填する力もはるかに高い。こうした企業には優秀な人材がいる。そのような人材を使ったチームづくりも人材配置も効果的で、コラボレーションの育み方も優れている。

さらに、トップ企業は、社員の当事者意識・やる気を高め、社員本人次第の意欲を多く引き出して企業の成功につなげている。だから生産力指数１４４を叩き出せているのだ。言い換えれば、それ以外の企業（下位4分の3）の平均値と比べて40％以上も上回っているのである。

つまり優良企業の生産性は、それ以外の企業の1・5倍近いのだ。それも、組織の希少資源である時間、能力、意欲の管理が違うだけで、この結果なのである。普通の企業が1週間かけてこなす仕事を、優良企業は木曜の昼前には終わらせているということだ。しかも仕事の質も高いのである。

生産性が高ければ、効率化のために人員削減を考える必要もない。年々、それ以外の企業（下位4分の3）との差は開くばかりだ。獲得できる成果はとてつもなく大きい。

組織の生産性を測定する

ここで紹介する診断テストは、組織の生産力と、これを大きく左右する要素に関する手軽な定性評価として活用できる。この診断テストの答えはあくまでも「目安」であり、企業を総合的に診断する場合は、当社ウェブサイト（www.bain.co.jp）をご覧いただきたい。

【時間】

業務上の成果を生み出す具体的な目標に向かって進むために、社員が処理する作業量を「生産高」とします。社員が所定の時間１００％を使って生産的、効率的に働けば、１００％の生産高があります。ただ、現実には１００％の効率性に影響を及ぼすような制約があります。組織の生産力の損失を招く可能性のある要素には次のようなものがあります。

・社員にやるべきことを理解するための指示が十分に与えられていない
・社員に仕事をうまく行うために必要なスキルや能力が欠けている
・社員が効率よく仕事をするためのシステムやプロセス、ツールが欠けている
・組織の構造が妨げとなり、業務遂行に必要以上の時間を要している（官僚体質、階層構造の存在など）
・社員が集まったときの仕事の仕方が非効率で無駄が多い（無駄な会議など）

・会社が目指す目標の達成につながらない仕事や、ビジネスの成果創出につながらない仕事、またはそのいずれかの作業を社員にさせてしまう企業文化がある（過度な準備を求める、過剰な利害関係者のマネジメント、過剰なリスク回避など）
・社員が自分の職務や職場に満足しておらず、結果として、効率的、効果的に仕事をする意欲や関心が向けられていない
・その他（具体的に）

1 上記の要素のうち、あなたの組織に当てはまる要素はいくつありますか。

a 0～1
b 2～3
c 4以上

2 あなた、あるいはあなたのチームメンバーは、1日に平均何時間を会議に費やしていますか。

a 3時間未満
b 3～6時間
c 6時間超

3　現場の社員からCEOまでの間に何階層ありますか。

a　6階層未満
b　6～8階層
c　8階層超

【人材】

ここで言う人材とは、ホワイトカラー職を念頭に回答してください。（事務職・専門職を示し、技術職・肉体労働を伴う専門職向けのものではありません）

4　社員全体のうち、成績優秀者あるいは「Aクラス」の人材（つまり社内にとどまらず、該当する業界や分野でも非常に優秀とされる人材）はどのくらいいますか。

a　25％超
b　10～25％
c　10％未満

5 あなたの組織は、社内でディファレンスメーカー（社風や業績に大きな影響を及ぼす人材）を見つけ出して、最も効果がありそうな職務に配置する力がどのくらいありますか。

a ディファレンスメーカーを見つけて経営の根幹となる重要な職務に配置することに長けている。

b ディファレンスメーカーが誰なのかわかっていて、どの職務が経営の根幹となるのかも把握しているが、必ずしも適材適所になっていない。

c ディファレンスメーカーを見つけるプロセスがないか、経営の根幹となる重要な職務を明確に説明できない。

6 あなたの知る限り、会社の命運を左右するような新たな構想が打ち出されたときに、会社は構想推進チームをどのような方法で編成しましたか。

a 通常、成績優秀者だけ、もしくは成績優秀者主体でチームを編成する。

b 通常、成績優秀者1人を選定してチームのリーダーに据えれば、残りのメンバーはそれなりに決まってくる。

c 通常、手の空いている社員を集めてチームを編成する。

【意欲】

意欲とは、仕事や組織、仕事仲間に対して、当事者意識を持ち、やる気を感じているかどうかを

意味し、会社に貢献しようとする積極性に表れます。ホワイトカラー職を念頭に、以下の設問に答えてください。

7 社員のなかでどのくらいの人々が「やる気」を出していますか。なお、やる気のある人々とは、仕事や事業目的、社内の人間関係を理由に、会社を積極的に擁護し、会社への貢献のために並外れたことを実行する覚悟がある人々です。

a 50％超
b 25～50％
c 25％未満

8 あなたの組織には、成績と当事者意識の両方を高める企業文化がありますか。

a はい、成績と当事者意識の両方を効果的に高める企業文化があります。
b 成績か当事者意識のどちらかを高める企業文化がありますが、両方ではありません。
c いいえ、成績や当事者意識を効果的に高める企業文化はありません。

9 あなたの組織には、やる気を奮い立たせるリーダーになるための正式なプログラムがありますか。

a わたしの組織には、やる気を奮い立たせるリーダーシップを含め、しっかりとしたリーダーシップ開発プログラムがあります。

b わたしの組織には、リーダーシップ開発プログラムがありますが、やる気を奮い立たせるリーダーには特に重点が置かれていません。

c わたしの組織には、限定的な正式のリーダーシップ開発プログラムがあります。

【採点】

選択肢の「a」はすべて2点、「b」は1点、「c」は0点で計算

14〜18点　「高」レベルの生産性。時間、人材、意欲に関して非常に優秀な組織と思われる。スコアの低かった分野をチェックするとともに、本書を使って優れた部分をさらに高めていきたい。

7〜13点　「中」レベルの生産性。時間、人材、意欲に関して平均的なレベルの組織と思われる。優良企業と比べて生産力が20〜30％低下している可能性がある。

0〜6点　「低」レベルの生産性。生産力のかなりの部分を失っている可能性があり、優良企業と比べて最大40％の生産力を失っている。

総合スコアと、時間、人材、意欲の各分野のスコアを記録しておこう。組織の弱点はどこだろうか。逆に強みはどこだろうか。最低スコアの分野は組織改善に乗り出す際にきわめて重要な手がかりになるが、強みのある分野に段階的に変更を加えていくことも大きな価値につながる。

ここで紹介した統計値は机上の空論に聞こえるかもしれないが、この後に続く各章では、この数字に肉付けしていく。

パート1のテーマは時間の管理である。時間が上手に管理できなければ、他に何もできないからだ。第2章と第3章は、会議、オンラインコミュニケーション、厄介な官僚体質の構造など、大企業病の原因を探る。

企業の上手な時間管理術、業務運営の効率化術、典型的な生産性の阻害要因の取り除き方について詳細に解説する。また、非生産的な時間を解放するために有力企業が導入している慣行を紹介する。こうした処方箋どおりに取り組めば、他社をリードできるはずだ。

パート2は、いわばパズルの2つ目のピースとなる社員の能力とチームづくりに焦点を当てる。第4章と第5章では効果的な人材管理の威力を探る。どのような組織にとっても、必要となる優れた人材の募集、育成、つなぎ留めの新たなアイデアが得られるだろう。組織が大きな成果を生み出すために、優秀な人材、つまり「ディファレンスメーカー」をどこに置けばいいのか、その判断方法について解説する。

また、あまりに多くの組織にとってベールに包まれている優れたチームづくりとコラボレーションの絶大な効果、さらにその活用術を伝授する。じつはこれこそが、ディファレンスメーカーの配置先や扱い方にほかならないのである。

パート3は、組織の生産力を左右する最後の要素を取り上げる。つまり、社員本人の気持ちに大きく左右される「意欲」という、ときとしてつかみどころのない要素である。

第6章と第7章では、当事者意識の威力（と限界）、そしてやる気が生み出す驚異的な効果について、現実的な視点で考察する。社員のやる気を奮い立たせるうえで企業ができる実践的な施策を解説し、一見すると実践的な措置にもかかわらず往々にして失敗に至る理由を検討する。

また、一部の傑出した企業を他と差別化していると思われる企業文化なるものについても取り上げる。ＩＢＭのルイス・ガースナー元ＣＥＯもかつて書いていたように、企業文化は単に勝負を左右する一要素にとどまらない。企業文化こそが勝負を決めるのだ。わたしたちの調査でも経験でもこの考え方は間違っていない。

総合すれば、本書でわたしたちが解説する措置には、好循環を生み、増幅していく特徴がある。ひとたびこの体制が確立すれば、当事者意識があり、生産性の高い社員が会社の考えを代弁する応援団となって、顧客や就職志望者に働きかけるようになる。

大事なのは好循環をつくり出すことである。社員の当事者意識が高いほど、優秀な人材を惹きつけ、つなぎ留めやすくなる。優秀な人材がいれば、スキルの高いチームを組み立てやすくなる。

こうした個人やチームは、組織構造の簡素化や貴重な時間を食い潰す時間泥棒の排除を会社に強く迫るようになる。本人の気持ちひとつに左右される意欲ではあるが、企業がこのような方法で上手に引き出していけば、仕事の目的意識が高まる。

こんな快挙を成し遂げられる組織は、業績がいいだけで終わるわけがない。大きく飛躍するのである。

ごくわずかな傑出した企業はまさにこのような方法で組織内に埋もれていた生産力を解き放っている。

こうした企業は、財務資本の管理と同じような緻密さで社員の時間、人材、意欲を管理する体制を築いていて、今日の経済をリードしている。本書では、ライバルに先駆けて、こうした異端の企業の仲間入りを果たす方法を指南する。

【まとめ】本書の3つのポイント

1 大企業病を放っておけば生き残れない。平均的な企業であれば、生産力の少なくとも20%、おそらくはそれ以上が食い潰される。つまり、組織がまっとうだった状態と比較して、すでに生産力が想定よりも落ちていることになる。

2 事態打開の第一歩は、上手な能力管理である。優秀な人材、つまり「ディファレンスメーカー」を組織内の重要ポジションに置く必要がある。だが、いかにチームを編成し、いかに社員を配置するかのほうがもっと重要である。

3 当事者意識、とりわけやる気を奮い立たせることで、勢いが止まらない会社になる。それが社員の気持ちひとつとされる意欲を引き出し、本当の「仕事ができる組織」が誕生する。

PART 1

TIME

「時間」

「時間は希少な資源である。
時間をマネージできずして、他を何がマネージできるというのか」
――ピーター・ドラッカー

ピーター・ドラッカーの名言は、いまも世界中の企業でことあるごとに繰り返されている。

「時間が足りない」

「すみません、時間がとれなくて」

もし25時間もある1日を発明できたら、億万長者になれるだろう。ここで使っている「大企業病」という言葉は、組織が社員の時間を食い潰してしまうあらゆる状況を指す。その正体は会議だったり、メールや電話だったり、官僚体質のプロセスや手続きだったりする。なかには必要なものもあるが、明らかに時間の無駄というほかないものもある。

わたしたちの調査でわかったように、この手の病は、下手をすれば取り返しがつかないことになる。平均的な企業は、無駄な会議や手続きといったいわゆる「大企業病」が原因で組織生産力を21％も失う。これは週に1日が無駄になっている計算だ。上位4分の1に入る企業であっても13％の損失を被っている。

しかし、本当にそれだけだろうか。今回のアンケート調査で、「不必要な」会議や連絡にどのくらいの時間を費やしているかという質問をし、回答者に見積もってもらったが、来る日も来る日も会議や連絡に振り回されながら、その多くは仕事に不可欠と考える人がほとんどだった。

会社がもっと厳格な時間のマネジメントに乗り出して初めて、社員はこうした会議や連絡などのやり取りが、じつはまったく必要なかったことに気づくのである。つまり、21％ないし13％という数字が表す以上の膨大な時間が無駄に費やされていることを実感するのだ。

本書のパート1は2部構成とし、まず前半（第2章）では、時間が失われてしまうからくりと、失われた時間の大部分をシンプルな時間管理のツールやテクニックで取り返す方法について考察する。

後半（第3章）では、ベールに包まれていた無駄に複雑な組織構造を白日の下に晒す。たいていは、こうした組織構造が無用な会議や連絡などのやり取りの原因となっているからだ。

こうした構造改革は一筋縄ではいかないこともあるが、必ずしもそうとは限らない。たとえば、営業担当者であれば、取引先への提案書を作成する際に、製品マネージャーや技術エキスパート、地域のマーケティング担当など社内のさまざまな人間とのやり取りがあるものだが、なぜかといえば、そういう組織構造になっているからだ。組織を再編してこうしたやり取りを半分に減らすことができれば、生産的でない膨大な時間を取り戻すことができる。

本書で取り上げる事例には読者がギョッとするようなものもある。

たとえば会議に30万時間も費やしたが、その大部分は無駄だったという企業。ある企業の幹部補佐が毎年、正規の決裁手続きを踏むことなく、会社のカネを何百万ドルも定期的に使い込んでいた話も出てくる。いくつもの事業部も何百もの子会社も、ゆうに50を超える社内委員会などもすべて不要だったという企業もある。

また、生産性に大して効果もないのに企業が、管理スパン（1人の上長が管理できる部下の人数）と階層数の分析を毎年毎年飽きもせずに実施している理由も解説する。

いずれの教訓も大切だが、その一方で、効果的な時間のマネジメント術をものにして確たる成果を上げた企業など、大いに刺激になる事例も紹介する。さっそくお読みいただきたい。時間は無駄にできないのだ。

組織の時間を取り戻せ

すでに述べたように、ほとんどの企業では、採算性評価のためのビジネスケースなり、投資評価のためのハードルレートなり、予算の上限なり、財務資本のマネジメントには事細かな手続きを踏むことになっている。

一方、組織の時間に関しては野放し同然だ。電話、メール、インスタントメッセンジャー、会議、電話会議に経営幹部が毎日何時間も費やしているにもかかわらず、こうしたやり取りを取り締まるルールは皆無に近い。ほとんどの企業は、幹部や社員が合わせてどのくらいの時間をどのように使っているのか、正確に把握していないのである。

どこまでも続くメールのやり取り、無駄な電話会議、終わりのない非生産的な会議など、多くの場合は時間の浪費になっている。

この管理体制の欠如が深刻な大企業病を引き起こすのだ。社内の会議や連絡に時間が取られれば、その分、顧客に対して価値を生み出すための時間は減る。組織は肥大化して官僚化し、スピードが失われ、やがて業績にも悪影響を及ぼす。

インテルの元ＣＥＯのアンディ・グローブは、「会社の備品を盗んでいいわけがないのと同じで、同僚の時間を奪っても何とも思わないような社員をのさばらせてはいけない」と述べている[1]。

言うまでもなく、そういう盗みは日常茶飯事で、通常は知らず知らずのうちに発生している。会議は、明確な計画も優先度もないまま、知らぬ間に日程が組まれる。新しい取り組みが毎日のように持ち上がり、経営陣はその対応に追われる。その間にもメールやインスタントメッセンジャーの洪水は止まらない。

わたしたちの調査によれば、企業の幹部は週に平均47時間以上働いている。これはアジア太平洋地域ではもう少し長く、逆に欧州、中東、アフリカではやや短くなるが、いずれにせよ、この働きぶりの割に得られる成果があまりに乏しい。

打つ手はあるのか。時間のマネジメントについての既存のアドバイスは、ほとんどが個人の行動に関するものだ。時間管理の達人からは、「メール利用に際して自制心を持て」とか、「出席する会議をもっと選べ」などの助言が飛び出す。

それはそれで傾聴に値するし、無駄ではないのだが、大企業病は個人の行動を変えたくらいで治るものではない。せっかく高い意識を持って時間管理に臨もうとしても、その組織の要求や慣行に押しつぶされてしまう可能性が高い。メールやインスタントメッセンジャーは次々にやってくる。会議の参加要請も同じだ。無視し続ければ、同僚や上司を敵に回すことにもなりかねない。

このようにひっきりなしにやり取りをしなければ仕事にならない会社だとすれば、打つ手はほとんどなく、そういう川だと思って飛び込み、なるべく上手に対岸まで泳ぎ切るしかない。

幸いにも、一部の傑出した企業がすでに組織の時間をまったく違うかたちで管理する方法を見出している。次の章で紹介するように、こうした企業は、仕事を進める組織、つまり階層、部門、事業部などを簡素化するだけでなく、仕事の進め方も簡素化し、膨大な時間を節約している。

また、傑出した企業においては、幹部は時間を希少な経営資源として捉え、慎重に投資するよう求められている。会社の時間を〝時間予算〟と捉え、その使用には通常の資金予算と同様の規律を持って臨むようにしたのである。

さらに間接費も大幅に削減している。幹部と社員を合わせて、非生産的な時間を40％も取り返すことに成功している。生産性が一気に高まることでイノベーションに拍車がかかり、収益性を保った成長が加速する。社員が不満を募らせて、やる気を削がれればいつまでも時間を無駄にすることになるが、そういう気分から社員が解放されるのである。

組織の時間が食い潰されるからくり

物事が悪化していく様子を理解するため、一見するとテクノロジー分野以外で使い道のなさそうなメトカーフの法則と呼ばれる理論を紹介しよう。

この法則を生み出したロバート・メトカーフ（本書執筆時点ではテキサス大学教授）は技術の世界では大変な権威で、イーサネット技術の発明者であり、スリーコム（後にヒューレット・パッカードが買収）の創業者の1人でもある。彼は、あらゆるネットワークの価値はネットワーク・ユーザー数のおおよそ二乗に比例すると考えた。

たとえば、ファックスが1台あっても役に立たない。2台になると、わずかながら価値が生まれる。何千台ものファックスがつながってネットワークになれば、とてつもなく大きな価値になる。すべてのユーザーが文書を送り合えるようになるからだ。

だが、このメトカーフの法則にはマイナス面もある。コミュニケーションのコストが下がるにつれて、やり取りの回数は急激に増加し、そのやり取りに応じるための時間も同じように急

図表2-1

メトカーフの法則のマイナス面

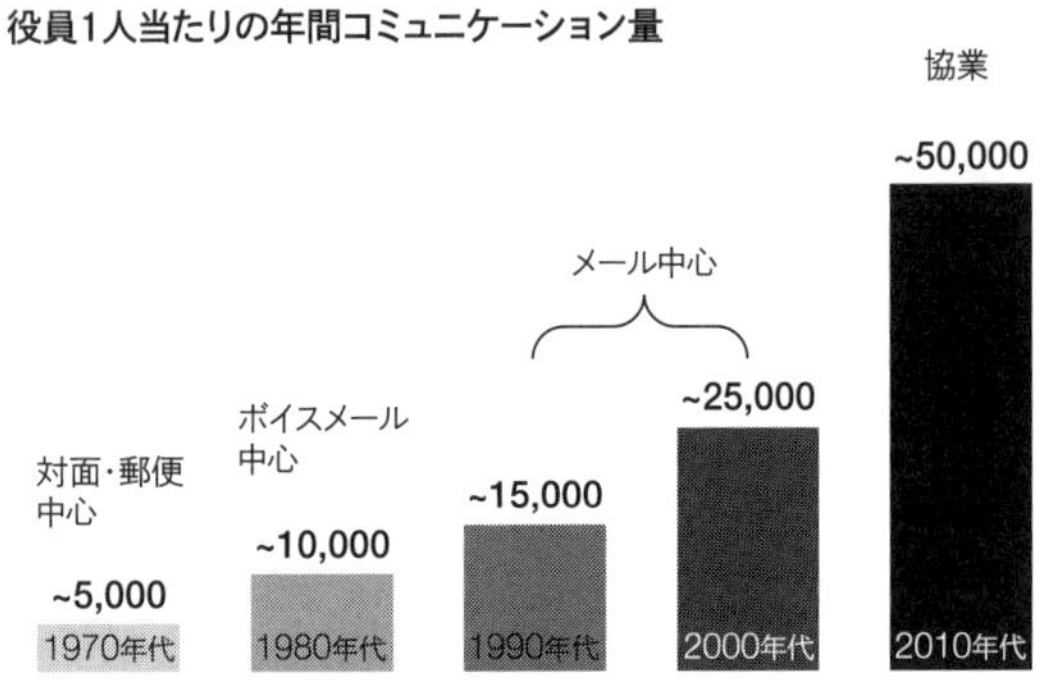

出所：ベイン・アンド・カンパニー

増する。

昔は幹部や管理職の外出中に電話がかかってきた場合、秘書が伝言をメモして、本人が帰社後にそのメモ用紙を渡したものだ。多忙な幹部ともなると、1日に平均して20件はメモを受け取っていたから、年換算で約5000件である。

やがて個別ユーザー宛てのボイスメールが登場し、続いて複数ユーザーへの一斉同報ボイスメール（メールの「全員に返信」機能に相当する）が生まれる。すると、伝言を残すコストが減るので、逆に伝言数は増えた。年間1万程度になったと考えられる。

そして電話、メール、インスタントメッセンジャーなどの重層的なネットワークの時代が到来すると、たちまちコミュニケーションのコストは、相手が1人だろうと何百人であろうと実質0となる。当然のことながら、やり取りされるメッセージ数は爆発的に増え、年間5万通ほどになる（図表2-1参照）。

これだけのメッセージを受け取り、返信して、それなりの対応をすれば、明らかに個人に重い負担がのしかかる。

だが、被害は直接時間を奪われる当人だけの問題ではない。他の社員も巻き込まれるのだ。上級の幹部からのメッセージになるほど、他の社員はそのやり取りや仕分け、対応に時間を取られる。

今日では、かつて存在しなかったタイムトラッキングのツールがある。マイクロソフトのアウトルック、グーグルカレンダー、アップルのカレンダーなど、全社的に利用可能なカレンダーやメッセージングのアプリケーションを利用すれば、管理職や社員がどこで組織全体の時間を消費しているか、つまり、どこに希少な経営資源を投じているのか追跡することが可能だ。

カレンダーのデータを見れば、週単位、月単位、年単位で会議の回数や種類がわかる。参加者数も組織の階層別、部門別に把握できる。会議前・会議中・会議後の〝内職〟（会議と無関係の作業）や二股予約がなかったかなど、特定の組織の悪弊を追跡することさえ可能だ。

もちろん、こういうデータを徹底的に精査する場合、社員のプライバシーを守るしっかりとした仕組みが必要である。そもそも上層部に行動を逐一監視されるのはけっしていい気分ではないからだ。

ともあれ、こうした情報があれば、組織の時間予算の全体像をはっきりと捉えることができる[2]。

時間の使用状況を研究するため、ベインではボロメトリクス（本社米ワシントン州シアトル、2015年下期にマイクロソフトが買収・子会社化）製の画期的な社員分析ツールを使用した。大企業17社の時間予算を検証した結果を紹介しよう。

企業はオンラインコミュニケーションの大洪水

1対1のコミュニケーションでも1対多のコミュニケーションでもコストがあまり変わらなくなるにつれて、やり取りの回数は爆発的に増加している。1日に200通ものメールを受け取っている幹部もいる。これは年換算すればメールだけで約5万通にもなる。

ここにインスタントメッセンジャーやクラウドのアプリケーションの利用が増えれば、問題はさらにややこしくなる。この傾向を野放しにしておけば、幹部がオンラインコミュニケーションの管理だけで週に1日以上を費やす状況がすぐにやってくる。

会議の時間は急激に増えている

社員が出席する会議も増えている。主な理由は2つある。まず、会議設定のコストが格段に下がったことだ。たとえば25年前に幹部5人が出席する会議のスケジュールを組むとしたら、どれほど手間がかかったことか。

日程調整のために、幹部Aの秘書が残る幹部4人のアシスタントに日時案を伝える。何度かやり取りがあった後、日時や場所の折り合いがつく。その手間が大変なものだから、幹部は会議を極力減らすよう要求していた。

第2の理由は、電話会議やテレビ会議、PCの画面共有などのかたちで、以前とは比べ物にならないほど会議に参加しやすくなっている点だ。そのために会議の回数が増えている。会議開催に伴うコストが大幅に下がっているのである。

当然の結果として、幹部ともなると平均して週のうち2日以上も会議（4人以上の幹部が参加する会議）に時間を費やしている計算になるのだ。組織全体の時間の15％が会議に使われていることになる。しかも、2008年以降、この割合は年々拡大している。

会議は単に回数が増えるだけでなく、下の階層の仕事も増していく。上層部での1回の会議が組織全体に波及すれば、膨大な時間と費用が食い潰されかねない。

先ごろわたしたちがある案件で関わった大手の産業材企業では、経営幹部が毎週会議を開き、

図表2-2

1回の幹部会議の波及効果

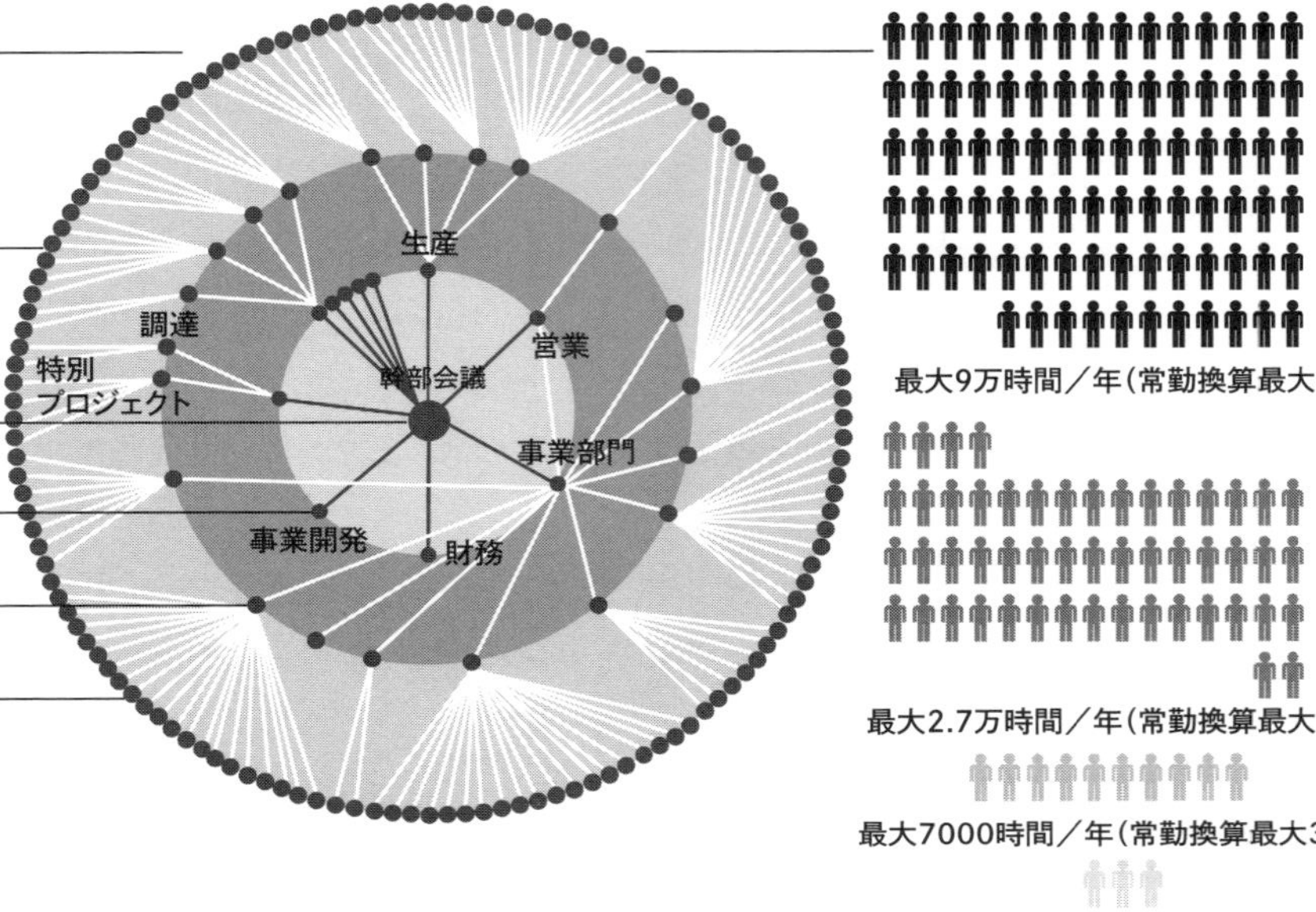

出所：Michael C. Mankins, Chris Brahm, and Greg Caimi, "Your Scarcest Resource," Harvard Business Review, May 2014.

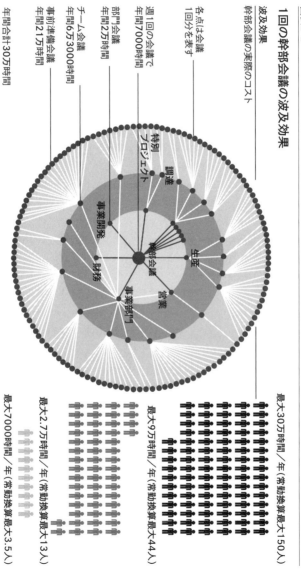

事業全体の業績をチェックしていた。この会議だけで組織の時間を年に7000時間も消費していた。加えて、各幹部が担当部門でも毎週会議を開き、さらに年2万時間を消費していたのである。

さらに各部門は各チームに重要情報の作成とクロスチェックを求めていて、これまたほとんどが会議のスタイルをとっていた。

この波及効果の部分だけでも年6万3000時間を食い潰していた。そのうえにメールやデータ収集は、事前会議に関わる社員にとどまらず、はるかに広い範囲にまで影響が及ぶ。全部合わせれば、この幹部会議は年30万時間以上を消費していたことになる（図表2-2参照）。[3]

本当のコラボレーションは限られている

1対1や1対多のやり取りの回数は過去20年間に飛躍的に増加している。

だが、わたしたちが調べたところ、そのやり取りの多くは企業間でも機能間でも本社・支社間でもなく、部門内が最大80％も占めていた。部門外とのやり取りについては、メール内容の分析からその多くが業務と無関係の相手宛てだったり、業務外目的の使用だったりしたのである。

つまり、意見収集や代案を考えるアイデア出しではなく、基本的にはいわゆる「ご参考まで」

の名目で送られるメールだった。要は、やり取りに費やす時間が増えても、縦割り組織の垣根を越えたコミュニケーションが大幅に増えるような成果につながっていなかったのである。

〝会議崩壊〟の行動が増えている

わたしたちが調査したほとんどの組織では、会議の出席者が会議中に決まってメールを送っていた。ある企業では、会議の22％で、会議中に出席者が30分ごとに平均して3、4通のメールを送っていた（他の多くの調査でも、会議形態として一般化してきた電話会議の間に、ネットサーフィンなどの〝気晴らし〟行動がはびこっていると指摘している。こうした気晴らし行動は本人のIQを10ポイント低下させることがわかっている。これは夜眠れなかった場合と同程度、マリファナ吸引時と比べて2倍のマイナス効果である）。

また、この企業では、幹部はしばしば会議の重複予約をしていて、後日、どちらに出席するかを決定していた。このため、会議主催者は、本来必要な出席者が実際に現れるかどうかいつもわからない状態だった。

こうした機能不全の行動が悪循環をもたらす。会議中の内職や重複予約があれば、会議時間の効果は限られるため、組織としては仕事を終わらせるためにさらに多くの会議を設定する。するとその会議中にまた機能不全の行動が生まれ……という悪循環である。

正式な管理はないに等しい

ほとんどの企業では、同僚の時間を奪っても実際にコストが発生するわけではない。会議を開こうと思っても、アシスタントが会議出席要請を送ったり、チームの共有カレンダーで空き時間を探して書き込んだりすることはめったにない。

通常、何らかの対処が必要な問題を発見したら、プロジェクトチームを立ち上げて問題を調査し、対応計画を策定することが多い。だが、組織の時間に関しては、こうした必要性があっても、通常はチェックを受けることもなく、正式な決裁を求められることもない。

たとえば、ある大手メーカーでは中間管理職が参加する90分の会議を定期的に開催していて、このコストが年間1500万ドル以上に達していることを最近、経営陣が突き止めた。「誰がこの会議を決裁したのか」と聞くと、中間管理職らは返事に窮してしまった。やがて「決裁はありません。トムのアシスタントが日程を決めてくれて、メンバーが出席しているだけです」との答えが返ってきた。

これは、中間管理職の業務アシスタントには、上長の決裁なしに1500万ドルまで支出できる権限があったということに等しい。これが財務資本だったら、このようなことが起こるはずもなかった。

図表2-3

多すぎる会議の結果、落ち着いてアウトプットするための時間がない

例：会議の回数、参加者数、メール数を減らせば、失われた40%の時間を取り戻せる

マネージャーの「時間予算」（週40時間）の場合

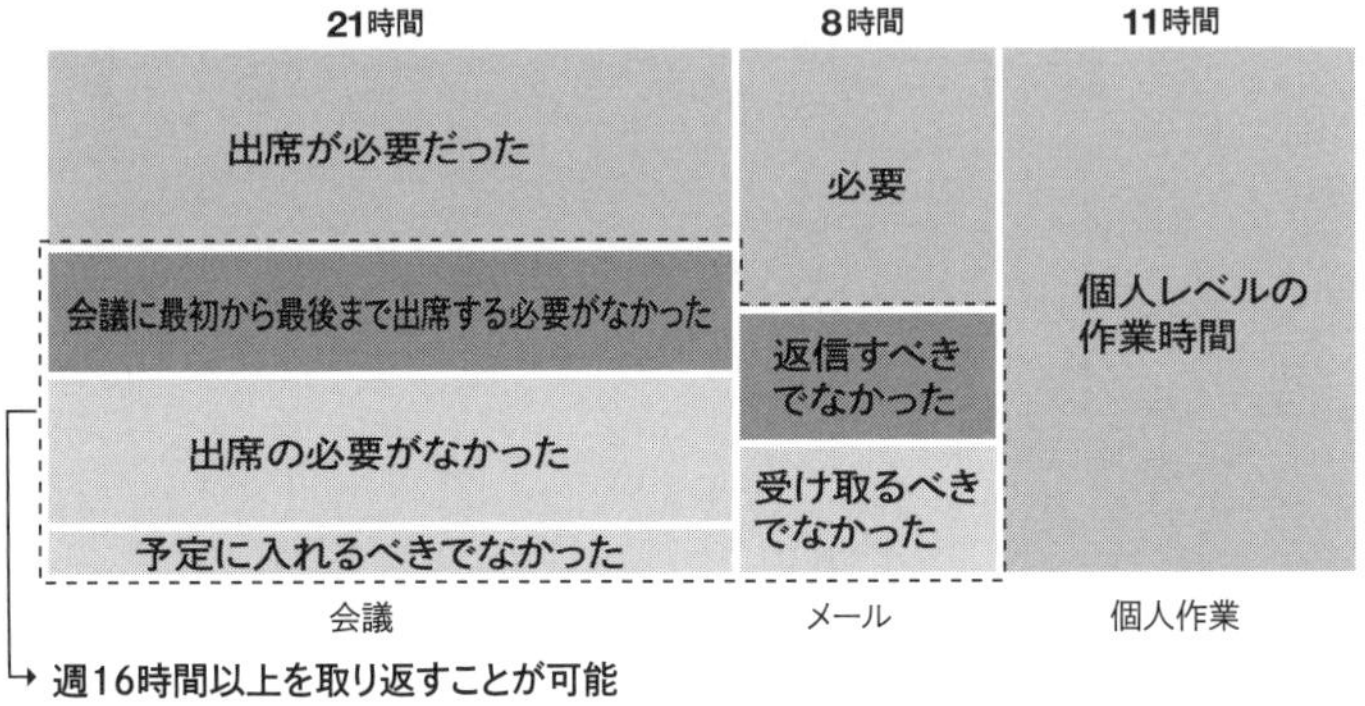

出所：ベイン・アンド・カンパニー

影響もほとんどなし

ベインが先ごろ実施した調査によると、上級幹部は、自ら出席した会議の半数以上について「無駄」または「非常に無駄」と評価している。会議ごとの生産性を評価する仕組みを確立している組織はほとんどない。まして非生産的な会議に対する明確な罰則や特に有益な会議に対する報奨があるはずもない。

典型的な初級のマネージャーの1週間を例に、こうした会議がどのような効果をもたらすか考えてみよう。

このマネージャーは会議に約21時間、オンラインコミュニケーションに8時間を費やしている。そのうち受信も送信もしなくていいようなメールやインスタントメッセンジャー、話す必要もない電話で無駄に使われている時間がある。

開く必要もない会議や出席する必要もない会議にも多くの時間を割いている。

この手のオンラインコミュニケーションや会議が週の初めにどっと集中しようものなら、月曜から木曜の午後遅くまで本来の仕事に手がつけられないはずだ。だが、そこまで偏ることはない。その代わり、1週間を通して他の仕事を遮るようにひっきりなしに飛び込んでくるのだ。このマネージャーの生産時間のうち、あれこれ邪魔が入って連続実働時間が20分未満だった中途半端な部分を除くと、会議や連絡に邪魔されることなく落ち着いて仕事ができた時間は週6・5時間ほどしかない（図表2－3参照）。

調査からわかるように、同時並行で複数の仕事を処理していると、とにかく多忙で自分が偉くなったような気がするために精神的には満足感があっても、実際の成果は非常に小さいのである。

ただ、悪い話ばかりではない。典型的なマネージャーの時間の25〜40％は取り返すことも可能なのだ。秘訣は時間マネジメントに強い意志を持って臨むことだ。

組織の時間のマネジメント

スウェーデンの一部の企業があっと驚くほどシンプルな方法で組織の時間の管理に取り組んでいる。労働時間そのものの短縮である。米ビジネス誌『ファスト・カンパニー』によれば「スウェーデンでは、1日6時間労働が一般化しつつある」という。

アプリケーション開発会社フィリムンダスは2014年に生産性を一切落とすことなく新体制に移行した。その秘訣は何か。

「経営陣が社員に命じたのは、ソーシャルメディアと、業務に無関係の気晴らしには手を出さないこと。そしていくつかの週次会議を廃止しただけである」[4]。

じつにシンプルだ。だが、スウェーデンには昔から例外的なところがあり、他国の企業がいますぐにでも6時間労働制を採用するとは思えない。とはいえ、労働時間の管理を改善することで大企業病を抑える道はいくつもある。こうした手法は主に2つのカテゴリーに分けられる。

〈1〉資金の投資と同じように慎重に時間を投資せよ

わたしたちの知る限り、「最高時間責任者」なる役職を用意している会社が存在しない以上、時間投資の基準づくりの責任はCEOにある。実際、この役割を画期的な方法で果たしているCEOが何人かいる。

優先順位付けに情けは無用

スティーブ・ジョブズがアップルを率いていたころ、上位100人の幹部を自然豊かな場所に集め、合宿形式の会議を開いて、翌年度の10大優先事項を考えさせたという。集まったメンバーは競うように熱心にアイデアを出し合い、最終的な案をまとめた。するとジョブズはいつもマーカーで下位7項目に大きくバツ印をつけ、「この3つだけやる」と宣言していた。

こうすることで、幹部が注力すべきことと、注力すべきではないことを明確に線引きしてみせたのである[5]。

もちろん、ジョブズのような劇的なやり方でなくてもいい。2013年3月に米鉱山会社のニューモント・マイニングのCEOにゲイリー・ゴールドバーグが就任した際、社内で87件のプロジェクトが進行中だった。

いずれも同社の経営幹部チームの誰かが時間を確保して注力する必要があった。鉱山の安全性向上や業務効率化などさまざまなプロジェクトがあり、その大部分は有益なものだった。ただ、投資対効果を考えると疑問の余地があるプロジェクトもあった。

プロジェクトのなし崩し的な変更に目を光らせるため、ゴールドバーグは現行のもの、計画中のものを含むすべてのプロジェクトについて正式な事業計画を作成するよう幹部に指示した。プロジェクトの時間を確保する前に、経営幹部チームが採算性を確認し、活動を決裁する流れになった。どのプロジェクトも正確な経済効果に加え、幹部が費やす時間を含む総コストも明記させた。

また、プロジェクトごとに幹部をスポンサーにつけることが義務付けられ、このスポンサーが進捗状況と予算の管理責任を負うことになった。

このルール整備で望みどおりの効果が見られた。ゴールドバーグのCEO就任時に進行していたプロジェクトの多くが、採算性を説明できないために打ち切りとなったのである。採算性の審査まで進んでも承認に至らなかったプロジェクトもあった。

それから3カ月もしないうちにニューモントは、本社規模を30％削減し、鉱山現場のリーダーに大きな権限と責任を委譲した。また、会社としての時間を安全性向上と業務効率化に再度振り向けることにした。

一定の時間予算を組み、可能な限り削減する

これも有効なツールになる。会議など仕事の邪魔になるものには時間の上限を設定するのだ。

これを採用している企業は、「これ以上組織の時間を会議に使いません。新たに会議に時間を確保する場合、（銀行の預金と同じ発想で）まず既存の会議バンクから時間を引き出して、新しい会議に充てます」と説明する。資金予算と同様に、時間予算の削減策でもさまざまな可能性を探っている。

これこそアラン・ムラーリーが打ち出した施策だった。フォードのＣＥＯに就任したムラーリーは、経営幹部が会議に膨大な時間を費やしていることを知る。実際、幹部の上位35人には、毎月「会議ウィーク」と呼ばれる１週間があり、５日間まるまる自動車のプログラムの協議や業績チェックに充てていたのである。

一連の会議の直接費、間接費は膨大で、当時のフォードの台所事情から考えれば、非常に高いコストだった。

２００６年下期、ムラーリーは同社の定例会議の効率・効果を評価するよう配下の特別チームに指示した。たちまち不要な会議が一掃され、必要以上に長い会議は短縮された結果、会議

時間の1分当たりの成果を最大化せざるを得なくなった。

また、同チームは新たな会議設置の要請に対して、以前とは比べものにならないほど厳しい審査姿勢で臨むようになった。各マネージャーは新たに会議の予定を入れるなら既存の会議を1つ減らせとまではいかないとしても、経営幹部は組織の時間を固定されたものとして扱うようになった。

フォードが打ち出した新体制の根幹は、「事業計画レビュー」（BPR）と呼ばれる週1回の会議だ。最高経営幹部が集まり、4、5時間かけて戦略策定と業績チェックに集中する。

これだけで、月に約50時間あった上級幹部の会議時間が約20時間に削減された。さらに、この会議の内容は標準化されているため、事前準備に膨大な時間をかける必要もない。「会議ウィーク」に代わってBPRを導入した結果、同社は何千時間も取り返し、競合他社が政府に救済措置を求めるなか、間接費の削減に成功した。また、意思決定の質やスピードも改善され、フォードの業績好転の促進につながった。

一定の時間予算を策定できれば、毎年、まっさらな状態でスタートすることも可能だ。多くの企業が毎年、ゼロベースで営業予算や資本予算を策定しているように、時間管理に真剣な企業なら、定期開催されている会議を1つひとつ吟味して、本当に必要かどうか判定したいと考えるはずだ。

時間投資に明確な権限を設定

ほとんどの企業では会議主催者の条件はないに等しい。会議の所要時間、出席者、さらには本人じきじきの出席が必要かどうかなどの判断は平社員に任されることが多い。

その結果、高コストの会議が誰の目も届かないまま次々に予定に組まれているのだ。

最近わたしたちがコンサルティングを担当した別のメーカーでは、経営陣が2段階の簡単なステップで非生産的な会議時間の排除に成功した。

第1に標準的な会議の時間を60分から30分に短縮した。

第2に、会議の出席者数を7人以下に制限する指針を示した。90分を超える会議や8人以上が出席する会議を開きたければ、主催者の直属の上司の上長（つまり2階層上の上司）による承認が必要となる。

この結果、組織の時間予算は劇的に減少した。削減された時間は、常勤換算で社員200人が6カ月間働く時間に相当する。

オンラインコミュニケーションには新たな手順を制定する

わたしたちがコンサルタントとして顧客や講演会参加者によく伝授することなのだが、非生産的な時間をなくすための簡単で費用もかからないテクニックがある。

それは、会社のメールシステムから「全員に返信」という機能を取っ払うことだ。半ば冗談で言ったことではあるが、あながち嘘でもない。

少しでも関心がありそうな人々にメールのコピーを無差別に送りつけていれば、メールの受信ボックスはすぐにいっぱいになり、膨大な時間を無駄にすることになる。

だが、「全員に返信」機能が使えないとなれば、メールを必要な数だけ複製し、それぞれに受信者をいちいち入力せざるを得ない。すると、「TO」と「CC」に誰の名前を入れるのかこれまで以上に慎重になる。だからメールの送信も返信も確実に、しかも劇的に減少するのだ。

メールのルールや手順の明確化は多くの企業がメリットありと実感している。ある技術系の大手企業では、時間に関する監査を実施したところ、あらゆる階層の社員が、そもそも受け取る必要のないメールの読み書きに週に半日近くの時間を費やしていることがわかった。その結果に経営陣は呆然とした。

そこで最初のステップとして、経営陣自ら、メールの新たな対応方法の範を示すことにした。まず1対多のメール送信数を削減した。また、「ご参考まで」として送られてきたメールへの返信もやめた。

さらに、受け取る必要のないメールの宛先に自分の名前が入っていたら、送信者に警告するようにした。やがて経営陣の慣行が浸透し始め、下の階層のマネージャーもそれまでの行動を改めるようになった。その結果、不必要なオンラインコミュニケーションに使われる組織の時間は激減したのである。

リアルタイムのフィードバックで組織への負荷を管理する

「測定できないものは管理できない」と言われる。会議時間や会議出席状況、メール件数など、人間の生産性に影響を与える重要変数を絶えず追跡している組織はまずない。

だが、モニタリングしていなければ、こうした要素を管理することは困難だ。組織の生産性に絡む問題の大きさをざっくりと把握するにしても難しい。生産性を測る基準尺度がなければ、改善目標を設定することもできない。

多くの幹部は、さまざまな顧客、さまざまな案件に自分がどのくらいの時間を費やしているのか、自分のカレンダーを見て把握できているはずだ。

シーゲイトやボーイングなど一部の企業では、会議やメール、インスタントメッセンジャーなどが組織にどのくらいの「負荷」をかけているのかリアルタイムに幹部にフィードバックすることを試験的に進めている。

シーゲイトの場合、上級の管理職の一部を対象に、本人が生み出している負荷を定量化したレポートを定期的に届けるプログラムが実施されており、レポートには同じ階層、同じ職務の他の幹部が生み出している平均的な負荷も記載されている。この情報提供に加え、経営トップの指針も相まって、幹部は自身の行動を修正しながら組織の時間を解放するよう求められている[6]。

〈2〉効果のある会議を開く

とはいえすべての会議をなくすことなどできない。社員間連携の促進や重大な決定に欠かせない会議もある。ほとんどの企業にとっては、以下に挙げるような簡単な基準をいくつか決めるだけで、会議の質を劇的に高められるのだ。

●会議という手段が適切か

意見を募ったり、グループとしての判断を下したりするときなど、作業内容によっては会議は非常に効果的だ。一方、戦略文書の草案づくりなどには適していない。

会議を招集する前に、所定の目的を達成するうえで会議が本当に最適な手段かどうか判断しておきたい。

●議題は明確に絞り込んで

信じられないほどの数の会議で議題が設定されていない。ある調査によれば、会議全体の32％に議題がなく、議題がまとめられた文書を事前に出席者全員に配布していた会議は全体の29％にすぎなかった。明確な議題があれば、優先事項が伝わる。また、先送りしたり無視したりしても問題ないものもわかる。

●会議時間はできる限り短く

一般に人が1つのトピックに集中できる時間は平均約18分間である。トピックを変えれば、再び注意を引くことができるが、それでも合計約45分間が限界である。電話会議の場合、平均23分間で集中力が途切れる。

●事前準備を周知徹底する

ある調査によれば、会議の準備をまったくしない出席者は、じつに全体の3分の1に達するという。フォードでは、毎週開催のBPRで使用する資料はすべて事前配布し、出席者が前もって目を通すことになっている。

こうすれば、BPRの最中に出席者に情報を共有するための時間を省くことができる。アマゾンのジェフ・ベゾスCEOは、最高幹部の会議の際、毎回、綿密に書き上げたレポートの提出を求めていて、パワーポイントによるプレゼンを禁じている。そして会議の始めの30分間に全員でレポートを読み込むという。

●健全な会議運営を

会議のたびに目的を明確化する。決定事項に社員の役割を明記する。会議中の決定事項をもれなく記載した議事録を作成する（この記録が白紙であれば、何のための会議だったのか理由を問い詰められることになる）。

忘れてはいけないのが、予定どおりの時刻に開始することだ。1時間の会議が5分遅れただけで、会社にとっては会議時間の8％を無駄に使われたことになる。時間以外の領域で8％もの無駄が判明したら、ほとんどの経営陣は黙っていないはずだ。

●早めに打ち切ることも

60分間の予定で会議を招集すると、ほとんどの企業では、必要があろうがなかろうが、60分間を目いっぱい使おうとする。これはバカげている。

アップルでは、会議の生産性が落ちてきたり、出席者の準備が整っていなかったりすると、ジョブズが会議終了の〝緊急指令〟を出すのが日常茶飯事だった。彼のやり方を唐突と指摘する声もあるが、所期の成果が出せそうにない会議で時間と経費が無駄になるのを回避する行動だったのである。

出席者リストの管理も怠ってはならない。多くの企業では、人がたくさん集まらない会議は体裁が悪いと思われている。だが、出席者が1人増えるごとにコストがかかるという視点が欠けている。また、不要な出席者は邪魔でしかない。

「7の法則」をご存知だろうか。出席者が7人を超えると、1人増えるたびに、実行可能な優れた判断を素早く下す可能性が10％低下する。ということは、16人とか17人になると、意思決定の効果はゼロに近い。

この法則に照らして言うなら、自分が出席すべきではないと感じたら、たとえ招集されても断るべきだろう。会議に出席するということは、「この会議は非常に重要なので、その時間にできることをすべて投げ打ってでも出席する」と意向を表明しているのと同じである[7]。

ちなみに、出席者が多すぎるとどうなるのか。調達業務を担当していた米国のある国防次官から、こんな話を聞いたことがある。この次官が調達先との会議に初めて出席すると、部屋には60人ほどの出席者がいたという。

そこで「ではまず大きな輪になりましょう。この部屋いっぱいに広がって、1人ひとり自己紹介し、今日出席した理由を言ってもらえますか」と呼びかけると、出席者は「何をいまさら」といったあきれ顔を見せた。こんなくだらないことを本気でやらせるのか、ということだろうが、ともかく言われたとおりにした。

2人目の自己紹介が終わったところで、次官が口を開いた。

「おいでくださり、ありがとうございます。ですが、お2人はご出席いただかなくて結構です。どうぞご退席ください」。

その後も同じことを言われる出席者が続出した。10人目に差し掛かったころには、部屋中の人々が自発的に去り始めた。

その場にいる本当の理由がないと悟ったからだ。最終的には12人ほどになった。つまり、生産性は約5倍に上がったのである。

全体的な取り組み

こういう細切れの対策で改革を実現するのは困難をきわめる。人間は忘れやすいからだ。そこで全社的に会議のあり方を変えることをお勧めしたい。その一例がオーストラリアのエネルギー会社、ウッドサイドの取り組みだ。

ウッドサイドは、同国最大の独立系石油・ガス会社で、時価総額は本書執筆時点で250億ドル、従業員数は約3500人だ。

だが、数年前、同社の内部は不満が渦巻いていた。会議ばかりが開かれていたのである。

実際、アンケートでも、スタッフは勤務時間の25～50％を会議に費やしていて、幹部ともなると常時50％近くを会議に取られていることが判明した。報告書も飛び交っていて、ほとんどの管理職が毎日、3、4件に目を通さざるを得ない状況だった。そしてたかだか航空券の購入にしても、承認手続きは永久にかかるかと思われた。

しばらく同社は二進も三進も行かない状況だった。深刻な大企業病であることは誰の目にも明らかだったが、手を打つ暇もなかったのである。

ようやくウッドサイドの経営幹部は行き詰まりの打開を決意する。問題を具体的に把握し、変革のためのビジネスケースを作成するため、診断テストの実施を手配した。

テストでは、会議に費やされている時間について、部門別、階層別、会議のタイプ別に内訳を調べた。出席者が費やした時間を積み上げ、かかった費用を算出した。ウッドサイドは技術志向でデータ重視の社風がある。それだけにこの費用は説得力があった。

幹部が決定したパイロットプログラムは、時間に関して特に苦労している部門をいくつか特定し、さまざまな解決策を試してみることになっていた。そして効果が見込める解決策があれば、これを全社的に展開する計画だった。

パイロットプロジェクトで選ばれたのは3つの部門で、この3部門で全社員の約13％に相当する。部門ごとにブレインストーミングでアイデアを出し、導入のしやすさと有効性の両面から各アイデアを評価した。続いて各部門での導入が始まった。

アイデアのなかには驚くほどシンプルなものもあった。たとえばアウトルックに会議を設定する際、会議時間を30分間ではなく25分間にすれば、立て続けに会議が入っている場合でも、会議室間の移動に数分間を充てることができる。また、毎週「ノー会議」期間を設定するなど、それなりに手間のかかるアイデアもあった。他にもいくつかのアイデアを試した。

同社では、出席者数と会議時間に基づいて、各会議のコストを計算するツールを開発した。会議のスケジューリング作業の管理方法について、ゲートキーパーとなる社員（幹部アシスタントなど）に指導するなど、会議の有効性について全員を対象にトレーニングを実施した。

定例会議は本当に必要かどうか1つひとつ検証したほか、会議時間の個人目標とチーム目標に対して実際の会議時間を記載したリーダー向け週次レポートを発行した。

パイロットプロジェクトは成功し、最も効果的な解決策を9カ月かけて全社に展開した。結果は、平均20％の会議時間の減少である。これは常勤換算で全体の約5％の労働時間に相当する。会議の効果が上がったと感じているスタッフは70％に達した。

あるマネージャーは「会議の出席依頼があっても出席不要と思ったら断ることができるようになったと実感する」と語っている。

「出席者がしっかり準備するようになって会議への貢献度が高まったため、以前よりも会議が体系化され、効果も高まった」と語るマネージャーもいた。さらにまた別のマネージャーは、こうした変革の重要性を次のように説明している。

正直に言えば、今回の説明会には懐疑的な気持ちもあり、参加に気乗りしませんでした。ですが、会議に週平均22時間も使っていたと知ってずいぶんショックを受けました。当然のことながら、実働時間の大部分は夜遅くに、あるいは週末に詰め込まざるを得ませんでした。わたしがいないことでチームにも家族にも迷惑をかけていました。

すでにワーク・ライフ・バランスもデスクですごす時間も大きく改善されています。オフィスでの時間を有効活用し、ワーク・ライフ・バランスを取り戻すためのわたしの取り組みは始まったばかりです。

会社が時間の無駄遣いに終止符を打ったことで、社員はみな肩の荷を下ろしたような気分になった。

ピーター・ドラッカーが言うように、時間は組織で最も希少な資源である。いくらカネを積んでも、1日を25時間に増やしたり、非生産的な会議に浪費した1時間を取り戻したりすることはできない。

社員の力を最大限に引き出すためには、組織が時間を希少資源として捉える必要がある。つまり、節度のある時間予算を立て、組織の時間を投資して、組織やそのオーナーのために最大の価値を生み出さなければならない。

優れた時間マネジメントは、社員の生産力をあますところなく引き出す第一歩になるのだ。次章では、もう少し掘り下げて、問題を根本から解決するにはどうすればいいのか考えてみたい。

【まとめ】組織の時間をあますところなく引き出す3つのポイント

1 時間がどこに消えたのかわからないのは大問題。最新のツールを使えば、膨大な時間を食い潰す会議やコミュニケーションを漏らさず追跡できる。問題の根の深さを見極めるにはもってこいの方法だ。

2「時はカネなり」というなら、それなりに扱うのが筋だ。つまり時間予算を作成し、時間投資に目を光らせ、時間の無駄遣いを削減するのである。

3 会議の管理は必須。適切な会議運営により、膨大な無駄時間を排除し、常に高い生産性を維持することができる。

第3章

オペレーティングモデルの簡素化

行き届いた時間管理ができれば、組織はもっと効率的に大きな成果を出せるようになる。骨折り損が減り、歩留まりロスが減り、無駄な時間が減るからだ。だが、そもそもやらなくてよかったような仕事はどうだろうか。はるかに少ない人員で必要な作業の計画立案、実施、承認ができたらどうだろう。

多くの企業の場合、大企業病の主な原因は、組織がとにかく複雑きわまりなく、その結果として事業部門、機能部門、プロジェクトチームが肥大化していくことにある。

南アフリカのエネルギー・化学会社、サソールは先ごろ、大企業病対策として組織の再編を図った。再編前の時点ではグループ経営委員会の下に46の事業部門・機能部門、210の子会社、72の法人（南アフリカだけの数字）、49の個別の委員会があった。

このような状況では、誰が何をするのか、誰がどの責任を負うのか、顧客への付加価値を生み出すうえで社員が最適なかたちで働いているのか見極めるのは難しい。やがて生産性にしわ寄せがいく。

だが、サソールだけではない。この手の複雑化や肥大化は世界中の産業界で共通して見られる。おそらく読者の勤務先でも次のような症状が見られるのではないだろうか。

●意思決定が遅い

大きな意思決定になると、いつもたくさんの利害関係者が首を突っ込み、決まって全員が発言する。このため、いつまでたっても決定に至らない。別の大手天然資源会社では、鉱山の新しい統括管理者を採用する際、人事の専門家3人、地域責任者4人、本社の幹部2人が関わっていた。

この顔ぶれで新規採用を承認するため、往々にして何カ月もかかっていた。その間、ポストは不在のままで、有力な候補は動きの早い競合に次々に持っていかれる始末だった。

●「堂々巡り」の企業体質

誰も気にしないデータをチェックする。誰も読まない報告書を作成する。意思決定につな

図表3-1

「堂々巡り」の企業体質

複雑な組織は往々にして官僚主義の「堂々巡り」で機能不全に陥り、本当に重要な業務に専念できない

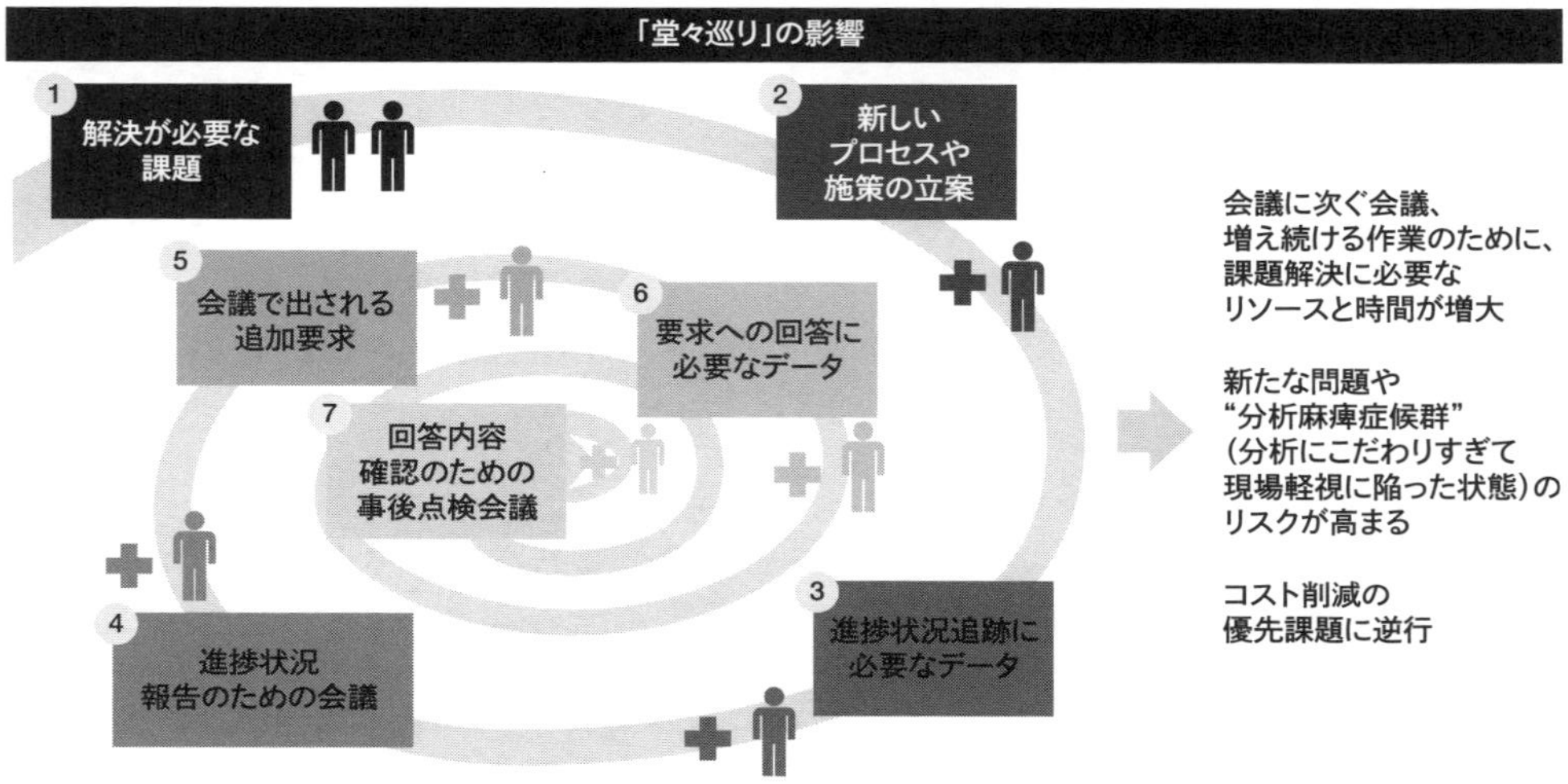

出所：Bain Brief. “Four paths to a Focused Organization”

がらないプレゼンを準備する。

そんなことをしていると「堂々巡り」の企業体質が生まれ、新たな問題が持ち上がるたびに、何の結果も生まないような余計な作業やコストが発生する。この手の有害な企業体質を図にすれば、図表3-1のような渦巻きのイメージになる。

●管理費に歯止めがきかない

売上に占める一般管理費の割合がなし崩し的に拡大する。増加分は管理・支援系の機能部門に集中している。サソールでは、2007年から2012年にかけて、生産量が基本的に横ばいにもかかわらず、現金固定費の増加がインフレ率を年平均で4パーセンテージポイントも上回っていることに気づいた。管理職の数は全社員数の増加率の約2倍のペースで膨れ上がっていた。

こういったなし崩し的なコスト増や組織の膨張に気づくと、多くの企業は昔ながらの手法で対処する。まず今年は成績昇給なしとの方針が出される。次に採用凍結だ。そして企業年金の変更やその他の給付の削減が続く。

やがて経営陣から全社的な人員削減が発表される。こうした施策が思ったとおりの効果を生まなければ——というか、効果を生むこと自体めったにないのだが——経営陣は、事業再編を含む総合的なコスト削減を決意する。

それでも大企業病はなくならない。

「数年ごとにコスト抑制プロジェクトや事業再編を実施したのですが……。経験が教訓として生きていないのです」。

そうこぼすのは、サソールのある事業部の担当取締役だ。

大企業病がなくならないのは、対策の方向が間違っているからだ。人を追い出しても、大元の作業が残っていれば、また誰かが知らぬ間にその作業を引き継ぐことになる。

同様に、作業を排除しても人が残っていれば、また同じ作業が繰り返される。大企業病の本当の原因は、不必要な作業、曖昧な責任の所在、そしてこういう悪弊の温床となる複雑な組織にある。生産力を解き放つには、組織の複雑化を元から断つ必要があるのだ。

それでは、この問題の全体像をつかみ、どのような対策が打てるのか考えてみよう。

ノードの反乱

組織の複雑化も誤解されていることが多い。まるで病気のように組織に影響を与える一時的な問題と思われているのだ。

実際には、複雑化は成長の当然の結果である。企業が大きくなれば、製品ラインや事業部が増えることは避けられない。新たな販路や地域、顧客セグメントに手を広げるようになる。買収や合併もある。こうした1つひとつの動きが組織の新たな要素を生み出し、新たな要素が追加されれば、他の要素との交わりや相互作用が生じる。この要素と要素が交差する部分をノード（結節点、結び目）と呼ぶが、ほとんどの企業ではこのノードこそが複雑化の根本原因なのだ。

その理由は、2つの製品ラインと5つの機能部門しか持たない単純な企業をイメージするとわかりやすい。経営陣が製品と機能部門全般に関わるような意思決定を下すたびに、部門間でのやり取りが11回発生する。既存の2つの製品担当部門それぞれが5つの機能部門とやり取りするので、これで10回。さらに製品担当部門間とやり取りするので、合わせて11回という計算だ。

さて、この会社が顧客の声にもっと耳を傾けたいと考えて、2種類の顧客対応部門を新設したとしよう。追加した組織自体はわずか2つだから、これによってやり取りの数は合計11回が13回になるだけと思ったら大間違いだ。

なんと15回増えて、合計11回から26回に跳ね上がるのである（図表3-2参照）。ノード数は幾何級数的に増えるから、組織の複雑化は倍々ゲームではすまないのである[1]。

図表3-2

幾何級数的に増加するノード

単純な製品機能のマトリックスはわずか11の「ノード」(結節点)だけだが、
たった2つの部門(顧客担当1と顧客担当2)が加わるだけで、ノード数は劇的に跳ね上がる

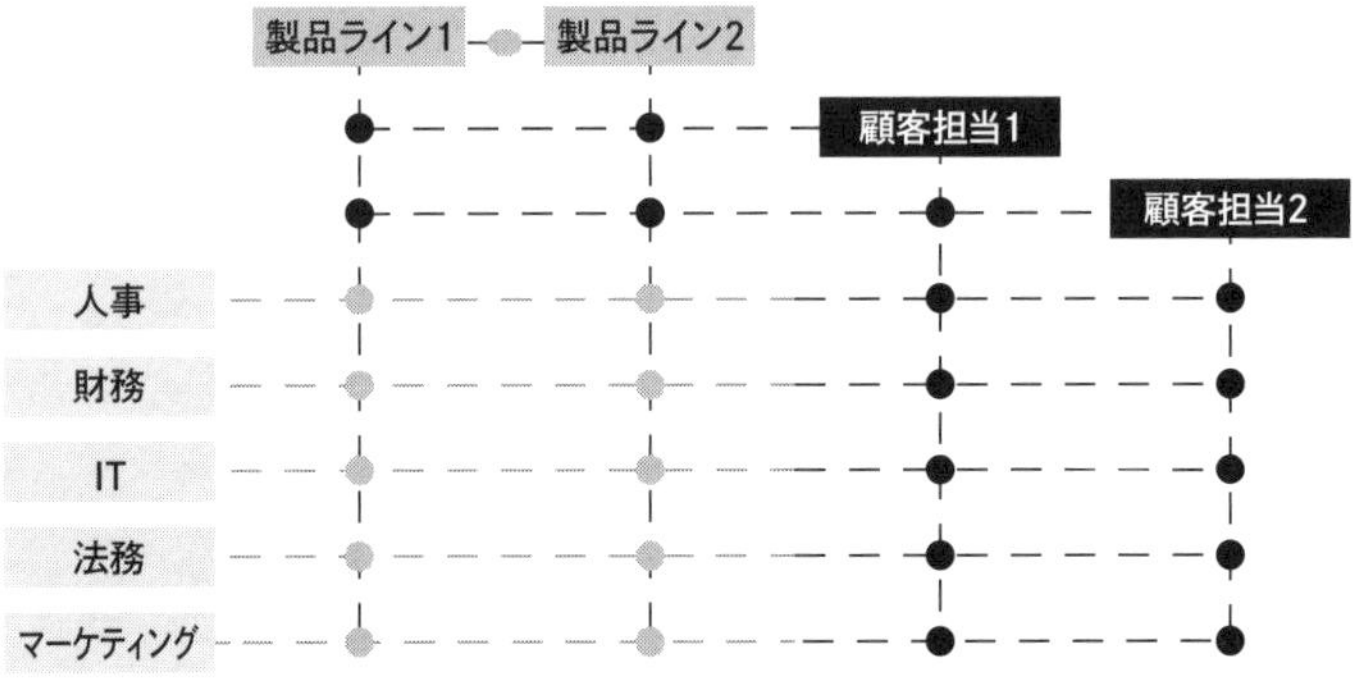

出所:ベイン・アンド・カンパニー

これは理論上の問題ではなく、現実問題である。カリフォルニア大学バークレー校では、学部ごとに専任の人事、IT、財務、総務のスタッフがいるため、管理上の大きな決定がなされると、数え切れないほどのノードが発生する。

ある大手エネルギー会社も同じように困った状況に陥っていた。幹部にオーナー的な当事者意識を持つよう長年奨励した結果、大量のゼネラル・マネージャー(GM)が生まれてしまった。

こうした新GMそれぞれが配下に人事スタッフ、IT部門、財務部門、品質管理部門などを抱えていたのである。その結果、ノードの数は10年の間に800から1万2000に爆発的に増加してしまった。

ノードが増えれば、基本的にはノード間のやり取りも増える。もちろん、こうしたやり取り

のなかには大事なものもあるが、あまり価値がないものも多い。目的は単にデータの合意を取るとか、新たな利害関係者の管理だとか、次の会議の準備といった内容にすぎないのだ。ノード数が増えるに伴って、仕事を進めるためのやり取りも増える。

調査・アドバイザリー会社のCEBが2015年に実施した調査によれば、自分の仕事を進めるために毎日10人以上とのやり取りが欠かせないと答えた社員は全体の60%以上に達していた。社員の30%は、20人以上とのやりとりがあると答えた。この割合は過去5年間増加の一途をたどっている。CEBのリサーチャー、ブライアン・クロップも、マネージャーの35～40%が「(社内のやりとりで)過剰な負担を強いられているために効果的に仕事を進められない」と指摘する[2]。

社内の複雑化の広がりを調べるには、組織の重要な意思決定の「ノード・マップ」を作成してみるのがおすすめだ。たとえばM&Aや新製品発表、新規市場参入、大規模設備投資計画など、組織横断での決定に限定して見てみよう。こうした決定は企業の価値に大きな影響を与えるもので、定期的に発生する。

では、こうした意思決定に関与が必要な組織(たとえば製造、マーケティング、財務、人事など)はいくつあり、どのようなかたちで関与し(データの作成、分析結果の検討など)、お互いにどのような方法(委員会形式やガバナンス会議など)でやり取りをするのだろうか。

1つの重要な意思決定と決定事項の実行に必要となる相互作用や意思決定のノードの正確な数をマップに慎重に落とし込んでみよう。

作業自体は単純なものだが、その結果には目を見張るだろう。ある大手企業の宣伝部門では、社内の全事業部、各事業部内の製品グループ、本社マーケティング部門のすべてから持ち込まれるキャンペーンの実施を担っていた。部門間の折衝が発生するノードの数は全部で10ほどになる。

この承認の過程で、広告絡みではよくあることだが、キャンペーンに何らかの異議が出た場合、また最初からすべてのノードでの話し合いに戻らなければならない。このため、実際のやり取りの回数は、ノード数をはるかに上回るのだ。

また別の企業では、大規模研究開発投資を進める際、経営陣が膨大な量の報告書に目を通していた。各機能、顧客の担当グループがそれぞれプレゼンをして、お手盛りのプロジェクトを売り込んでいたのだ。

こうした報告書は1つ作成するだけでも、必要な情報を集めて分析するわけだから何時間もかかる。ほとんどのプレゼンには膨大な付表も添えられていた。

だが、大部分、少なくとも60％以上は経営幹部が目を通すことなどない。

わたしたちの経験では、重要な決定に限定してノードの複雑な状況をマップに落とし込むだけでも、組織自体が喫緊の課題を抱えていることがわかり、本当に変革が必要だと切迫感を抱くはずだ。重要な意思決定と決定事項の実施が複雑な状況に陥っていることに経営陣が気づけば、ほとんどの場合、組織の簡素化に向けて一刻も早い対策を講じたいと考える。

スパンと階層数を変えても根本的な解決にはならない

複雑化の一途をたどる状況に直面すると、多くの企業は由緒ある解決策に頼ろうとする。組織内の管理階層数と各マネージャーの管理スパン（1人の上長が管理できる部下の人数）をコンサルタントに分析させるのである。

要は、管理スパンを大きくし、管理階層数を少なくして、組織がうまく機能する（少なくともまともに機能する）かどうかを調べさせるわけだ。見込みありとなれば、管理職を減らすから、その結果、コストも減少する。

多くの場合、企業はざっくりとしたベンチマークを持ち出す。たとえば、直属の部下を8人以上管理できないという「8の法則」もその1つだ。ともあれ、企業はこうしたベンチマークに適合しないものをすべて再編していく[3]。

スパンと階層が重視される背景には、明確な論理がある。不必要な管理職は仕事を増やすだ

図表3-3

新たに管理職を迎える際にかかる本当のコスト

管理職の階級が上がるほど必要とするサポートスタッフも増える。
関係者の時間はどのくらい使われることになるのか

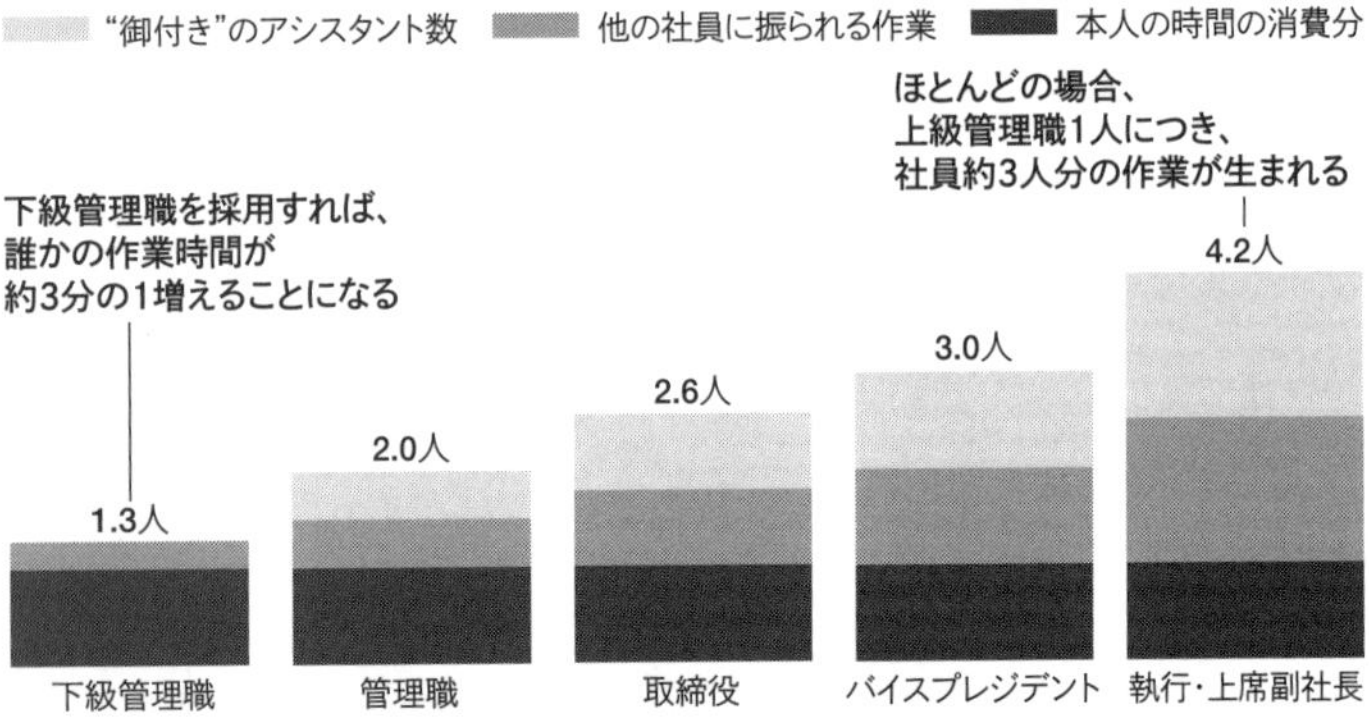

出所：Michael C. Mankins, “The True Cost of Hiring Yet Another Manager,” Harvard Business Review, June 2014.

けで効率を高めないため、組織の生産性を落とすという考え方だ。なるほど、こういう管理職がいる場合のコストを企業は甘く見ている。

少し前にわたしたちは管理職・幹部社員を1人増やす場合のコストについて調査したところ、一種の相乗効果があることに気づいた。管理職1人を採用すると、部下が手持ち無沙汰にならないように十分な仕事を用意しようとする。上席副社長とか執行副社長といった上級幹部クラスになると、もっとコストがかかる。

こういった面々は、ただでさえ高くつくのに、アシスタントやら補佐役やらのサポート部隊を要求するのが普通だ。このサポートスタッフは、他の社員のためにさらに多くの仕事をつくり出すのだ。その結果、幹部1人採用するだけで、幹部自身の時間も含め、常勤換算で4・2人の時間が余計な負担となって組織にのしかかるのである（図表3－3参照）[4]。

そこでスパンと階層を変えて余計な管理職を排除すれば、組織にはプラスになる。だが、その手が有効なのは、適切に実行した場合に限られるのだ。たとえば8の法則がそのまま当てはまることはめったにない。何度も反復的な作業が発生する仕事ならば、管理スパンがもっと広くなっても持ちこたえられるので、ひょっとしたら15人以上でも管理職1人で切り盛りできる可能性がある。

専門職では、きめ細かい監督が必要なのでスパンはもう少し狭くなり、5人に満たないこともよくある。つまり、単に階層を減らすのではなく、実際の仕事内容に応じた管理構造に合わせて設計することが大事なのだ。

また、ほとんどのスパン・階層分析では見つからない問題を発見することも重要である。一例として、ある大手軍需企業では、国防制度に基づいた精査が入ることになり、政府からコスト削減を強く迫られていた。

分析の結果、同社の階層数は相応で、管理スパンはベンチマークよりも広いことがわかった。しかし、細かく見ていくと、多くの上長がたくさんの直属の部下（14人ほど）を抱えているのだが、こうした直属の部下のうち、配下の部下を持つ「ライン」のマネージャーは1人か2人しかいなかったのである。その他の直属の部下（多くても12人）はみな平社員で、書類作成の支援や、プロセスと承認だけを担うようなスタッフだった。

つまり大量のスタッフに裏方として課題に当たらせる一方で、他の大きなグループに日々の仕事を片付けるよう任せていた。その結果、複雑な技術的変更1カ所だけで125人が関わり、700以上のやり取りが発生するようなことが起きていた。

これでは暗礁に乗り上げるはずである。それでも、自分たちはベストを尽くしていて高品質の製品を生み出しているし、ベンチマークと比べれば贅肉のない「リーン」な組織だと信じて疑わないのだ。

だが、スパンと階層の変更には真の限界もある。それは複雑化の根本原因には対処できないという事実だ。ノードが多すぎると、常に意思決定が遅れがちで、コストはじわりじわりとかさんでいく。

そもそもやらなくていいような作業なら、平均スパンが2人の部署だろうが6人の部署だろうが26人の部署だろうが、どこでやろうが関係ない。管理職を減らして、管理スパンを変更したところで、この無駄な仕事自体がなくならないからである。

この無駄な仕事がなくならない限り、その仕事を担当する人間がすぐに現れ、当然、コストもかかるのだ。

つまり、本当に求められているのは、不必要なノードと不必要な作業を排除することだが、あまりに多くの企業がここでつまずいている。ではどうすればいいのだろうか。

オペレーティングモデルを明確に

大企業ならどこでも、明文化されているか否かは別として、オペレーティングモデルがある。オペレーティングモデルとは、戦略と実践の橋渡しとなるものだ。製品ライン、地域・国、機能、顧客などを切り口に、企業の大まかな構造を示すもので、これにより意思決定権限と責任の所在が明確にされる。

また、企業が経営資源をどのように活用して重要な業務を達成するのかを示す青写真でもある。したがって、このモデルには、次のような基本的な規定がいくつも盛り込まれている。

・それぞれの事業の形態・規模
・事業ライン間の境界線
・事業ライン間の境界にまたがる部分での協業の仕方
・コーポレートセンター（本社機能）の役割（各事業部に対しどのような価値を出すか）
・企業が求める行動規範

図表3-4

オペレーティングモデルを簡素化して作業を削減

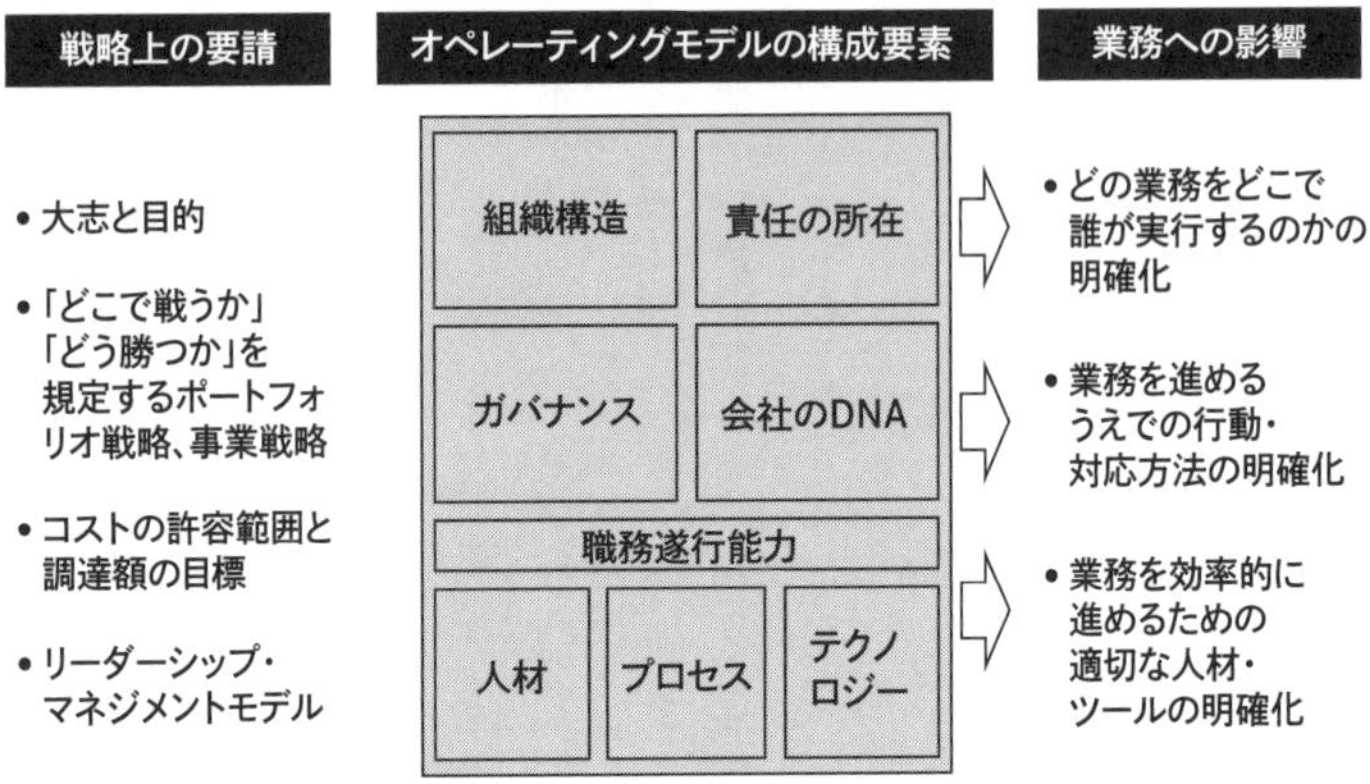

出所：ベイン・アンド・カンパニー

この結果、組織にどういった人材が何人必要かスパンと階層の面からどういう組織のかたちになるかが導き出される。言い換えれば、選んだモデルにより、組織も決まるのである。

図表3-4にオペレーティングモデルの各要素が組織において業務を行ううえでどう影響するのかをまとめた。

まず、組織構造は、ノード数を規定するものである。

責任の所在では、責任、権限、人材確保の割り当ての際、どのノードを利用し、どのノードを利用しないかを規定する。

ガバナンスは、ノード間のやり取りの頻度・内容を規定する。

働き方は、社員がこうしたやり取りを効率的、効果的に進める方法を規定するものだ。組織から何らかの業務を取り除く際には、オペレーティングモデルの各要素に照らして体系的に対処しなければならない[5]。

〈1〉組織をシンプルに

オペレーティングモデルが複雑になると、間違いなく組織構造が複雑になり、意思決定のノードが必要以上に増えてくる。これこそ、多くの大企業が陥る罠である。要はオペレーティングモデルが必要以上に複雑なのだ。

たとえば、意思決定に当たって、主たる範囲も定めずに、重複のある構造をいくつも採用したり、煩雑なマトリックス組織を導入したりするうえ、責任の所在が曖昧なままだ（しかも責任範囲が食い違っている可能性もある）。読者も、組織のオペレーティングモデルをはっきり書き出してみると、簡素化するうえでも経営戦略がきちんと反映されているか確認するうえでも、いい機会になる。

サソールが実施した作業も基本的にはこれと同じだ。南アフリカ最大のエネルギー・化学会社である同社は、成長力もあり財務的にも好調な一流企業である。

だが、経営陣は2つの重要な課題を抱えていた。まず前述のとおり、現金固定費がインフレ率をゆうに上回るペースで右肩上がりに増加していた。もう1つは、異様なほどに複雑化した組織で、事業部門も機能部門も委員会もすべて複雑だった。

どちらの懸念も好調な石油価格の陰に隠れて目立たなかったが、ひとたび価格が下落すれば、たちどころに脆弱になる。「成長を加速するために長年の間に事業部をいくつも新設した」とある幹部が振り返る。

ところが、「会社の成長という意味では非常にうまくいったが、同時に組織が深刻な縦割り構造になってしまった。このため他部門と仕事を進めることに時間を取られすぎて、市場や収益性の維持に十分注力できなかった」。

たとえば、同社の多くの管理職が言うには、社内取引のトランスファー価格やインターフェースの複雑化といった問題を話し合うような会議に、あまりに多くの時間を取られていた。

しかも、重要な課題について何らかの意思決定を下すだけで何週間もかかるのだ。というのも、意思決定には何かしらの委員会に諮《はか》る必要があったからだ。このため、幹部の間では、市場環境が突然変わったときにサソールが素早く対応できるのか不安の声が上がっていたという。

そこでサソールは、調達、生産、販売というバリューチェーンの各機能に絞ってオペレーティングモデルの再構築に着手した。各事業を上流、加工、販売・営業の部門に再編したのである。

そして、全体での損益計算書を作成し、新たに再編した各部門の活動が事業全体の利益の最大化につながるようにした。

この結果、事業部門や機能部門の数が3分の1にまで減少し、「社内の内向きな業務」に費やしていた時間が減少した。また、各種事業のために南アフリカに置いていた72社の法人も35社に半減させ、最終的に20社以下にまで削減する計画だ（この法人数削減だけでも同社の財務、法務、総務の各機能部門の負担は大幅に軽減された）。

さらに、社内の委員会数も合理化し、それまでの49から13に減らし、それぞれに出席する人数も抑えた。

こうした組織構造の移行により、「共通の計画に則って調達すること」「全員があらかじめ合意した責任を果たすものと信頼すること」「自分が所属する組織ではなくサソール・グループ全体にとって最大の利益になるよう行動すること」という、3つの基本的な活動に注力できるようになった。

そして、この指針を守るという誓約書に同社経営陣が署名した。これは、CEOコミットメントが組織全体に波及した象徴的な出来事だったのだ。

その効果は同社のあちらこちらに表れた。「経営陣に対する（一連の取り組みの）効果はきわめて大きかった」とある幹部が語る。多くの時間を取り戻した。「社内のやり取りやガバナンスの会議に費やす時間が60％以上も減少しました。自由に使えるようになった時間は、業務の監督に注力できるようになった」と言う。

意思決定も速くなった。実際、石油価格が下落したときには、サソールは業界でも真っ先に動き、包括的な対策に沿って市場への対応をリードした。また、会社も以前とは比べ物にならないほど効率化された。現金固定費の伸び率がかつてはインフレ率を4ポイントも上回っていたが、現在は8ポイントも下回っている[6]。

〈2〉ノードをゼロベースで見直す

だが、きちんとした組織構造を持った企業でも、重複した業務や不要な業務が見つかることがある。ある企業では、製品単位、国単位の両方を軸に事業を編成していたとしよう。

すると、それぞれの組織が販売に責任を感じているため、それぞれが独自のデータをまとめ、独自のプロジェクトを実施するようになる。必ずしも組織間の調整があるわけではない。また、グローバルな財務部門を地域ごとの財務部門がサポートしている企業もある。その場合、双方が同じような報告書を作成することもあるし、どちらかにある情報が必ずしも他方の情報と一致しないこともある。

このようなケースでは、予算をゼロベースで見直すのと同様に、ノードをゼロベースで見直すとよい。白紙状態から組織を組み立てることができるとすれば、どのような組織になるだろうか。どのノードが不可欠で、どのノードを排除すべきだろうか。

組織のノード構造を簡素化する場合、次のようなシンプルな原則がある。

より少なく、より効果的に、1回だけ、適切な場所に

たとえばグローバルな財務部門がある場合、地域ごとの財務部門と国ごとの財務部門の両方が必要になることはありえない。

たしかに、重複が生まれる背景にはそれなりの理由があるのかもしれない。各国の法体系の違いを考慮すれば、国ごとにコンプライアンス担当部門をつくる必要があり、グローバルなコンプライアンス部門は複数の国にまたがる事業が国際的な指針に沿っているかどうかをチェックするといった可能性もありうる。だが、重要なのは、重複作業をできるだけ減らすことだ。

通常、ノードには、管理者と意思決定権限が必要だ（必ずしも管理者とノードが一致しているわけではない）。意思決定権限は明確に規定しておきたい（これについては本章で後ほど詳しく解説する）。だが、すべてのノードは平等ではない。主要製品（あるいはサービス）ラインと主要地域が交差する部分には、多くの売り上げが伴うことが多い。こういうノードは、重要な意思決定を担当し、利益率の責任も担う経営幹部が管理することになる。

一方、地域単位の事業ユニットと小規模な地域（1国のみなど）が交差する部分は、意思決定権限も限定的で利益率の責任も持たない若手のマネージャークラスで十分だろう。作業量も複雑性も大きくなる〝重量級〟のノードから最初に手をつけていく。また、ノードの維持、追加、排除を決定するうえで、売上高などビジネス・バリューは重要な要素になる。

これに当てはまるのが、最近、わたしたちがコンサルティングを担当したあるテクノロジー企業だ。わたしたちが関与する以前は、「地域」「業界」「製品・サービスライン」の3次元マトリックスに沿った組織構造だった。この3次元のそれぞれに損益責任があり、損益の責任者1人ひとりが、自身の担当部門の業績管理に必要な経営資源をすべて自分で管理するものだと思い込んでいた。

実際、3次元マトリックスのノードはどれも同じ重みであるかのように扱われていたため、それぞれが人事、財務、IT、その他のサポート系の機能部門とやり取りしていたのだ。

同社経営陣は、綿密な検討の末に、経営戦略を実施するうえで、マトリックスの「地域」の軸が最も重要であると判断した。それ以降、地域の責任者が損益の責任者となり、サービスライン別の組織はコストと品質に責任を持ち、業界別の組織は卓越した研究拠点として再編され、損益の責任は負わず、投資権限も最低限に抑えられた。

経営戦略の実施に必要なノードをゼロベースで見直した結果、ノード数は25％以上減少した。

このノード削減をきっかけに、生産性アップへの道が開かれたのである。

〈3〉付加価値を生まなくなったノードは廃止する

企業は、物事の始め方はわかっている。新機軸を打ち出し、拡大して、プロジェクトを立ち上げ、当然、新たなノードを追加する。こうした動きのすべてについてプロセスをつくり上げる。年初にはその年の「重要施策」の優先度も決定する。

だが、通常、企業が知らないのは、一度始まった活動の止め方だ。うまくいかないプロジェクトを葬り去り、社内の不必要な部分を排除するプロセスは皆無に等しい。

たとえば、企業が「中核拠点」を設置したとしよう。後にこの拠点が機能していないとか、単に不要だったとわかったとしても、それを打ち切るプロセスがないために存続せざるを得ないのだ。

少し前にわたしたちが担当したことのある公益企業は、数年の期間を費やしてＥＲＰ（統合業務パッケージ）システムの総点検を実施した。プロジェクトの完了から12カ月後、運営委員会は依然として週2時間をかけて「進捗状況確認」の会議を開いていた。

当然のことながら、確認するような進捗状況はほとんどなかったにもかかわらず、会議に費重な時間を費やし続けていたのだ。危機的状況にあるときは別として、企業が「打ち切り」の優先順位をリストにまとめることはまずない。幹部が実行すべきは、単に「打ち切り」を宣告することなのだ。

不必要なプロジェクト、特に完結しているプロジェクトの打ち切りに加え、ほかにも有効な「打ち切り」命令が2つある。1つはデータの重複作成を排除することだ。企業内のさまざまな部門が報告書をつくっていると、往々にして内容に食い違いが発生し、そのズレを埋める調整作業が生じることになる。

だが、社内の決定のすべてに関して「唯一の正とすべき情報源」を設定すれば、そんな不必要な仕事をつくらずにすむ。

もう1つは、全社に広く予算をばらまくのではなく、戦略上欠かせない機能部門を見極め、そこに重点投資することだ。サソールのある幹部が次のように語る。

「付加価値のあることに経営が注力するという空気を経営陣がつくるのです。あらゆるところで『世界一流』とか『ベストプラクティス』であろうとするのではなく、『目的にかなっているか』という言葉を頻繁に使うようになりました」。

〈4〉ノード間のやり取りの回数を最小限に抑える

ノードとは要するに社員である。やり取りする社員の数が増えるほど、不必要なやり取りに取られる時間も増える。さまざまな異なる部門間での組織構造に一貫性を持たせれば、重要な職務の遂行に必要なやり取りの回数を減らし、やり取り自体も簡略化できる。

コンピューター大手のデルがいい例だ。多くのテクノロジー企業と同様に、同社も法人顧客向けの製品販売にさまざまな担当者が関わっている。まず顧客との関係づくりを担う取引先担当営業がいる。具体的な製品ニーズが見えてくれば、取引先担当営業は、製品のスペシャリストやエンジニアに掛け合い、顧客のニーズに最適な提案となるようカスタマイズを依頼する。以前のデルでは、取引先担当営業は医療業界、ネットテクノロジー業界など業界別に編成されていた。

だが、同社の製品スペシャリストやエンジニアは製品別・地域別に分けられていた。これでは、まったく同じソリューションをまったく同じタイプの顧客（たとえば医療機関など）に販売する場合でも、取引先担当営業が北西部担当のスペシャリスト・グループと組んだり、南西部担当のスペシャリスト・グループと組んだりすることになる。この結果、同じような販売活動にもかかわらず、さまざまなやり取りが必要になる。

そこでデルは、やり取りの数を減らす措置を講じた。取引先担当営業が所属する組織を地域制に移行し、取引先担当営業と製品スペシャリストやエンジニアの組織が一貫性のある組織構造になるようにしたのである。

その結果、各取引先担当営業がやり取りしなければならない製品のスペリシャリストやエンジニアの数がそれまでの11人から平均5人に大幅に減少した。言い換えれば、新しい顔ぶれのグループとの働き方に慣れるまでの無駄な時間を減らし、販売の生産性を高めることができた。

ノード構造を簡素化する2つ目の方法は、意思決定権限を明確に規定し、透明性を確保することだ。ノード間のやり取りの大部分は結局のところ、社内政治である。誰しも縄張りや既得権益を守ろうとする。意思決定のときに首を突っ込みたくなるものだ。

意思決定権限を明確に規定し、関係者が同意すれば、行ったり来たりする無駄な動きはほとんどなくなる。そこで、まず重要な事項の意思決定から実行までのプロセスを分解し、全員に自分の役割を理解してもらうことが大切だ。

ベインでは、「ＲＡＰＩＤ」という意思決定権限関連のツールを用意している。意思決定の準備、意思決定、最終的に実行まで見届ける5つの主要な役割について、英語のイニシャルを組み合わせた造語だ。

●「R」＝**提案**（recommend）
「R」を担う個人やチームは、データ収集、手順案の評価、提案を行う。
●「I」＝**意見提供**（input）
「R」チームが相談して意見を求めるのが、しかるべき専門知識を持つ人々だ。この「I」のチームには拒否権がない代わりに、提案に対する責任も負わない。
●「A」＝**合意**（agree）
「A」の役割は、法務やコンプライアンスに関わることが多く、さまざまな手順案を評価して、絞り込まれた推奨案が意思決定権者に示される前に手順案自体に問題がないかどうか確認する。
●「D」＝**決定**（decide）
ほとんどの企業では、最重要事項の決定に当たって、1人の「決定権」を持つ個人が意思決定の責任を負う。
●「P」＝**実行**（perform）
「P」レベルの責任を負うチームは、タイムリーに決定事項を実行に移す役割を担う[7]。

一般に企業は、大きな価値のある重要な決定に限ってこのRAPIDの活動をすべて実行する。

つまり、意思決定上の明確な役割を割り当てるのだ。もっとも、「重要な意思決定」といっても想像以上に広い範囲が含まれることもある。大型の設備投資のように単発の大きな意思決定もあれば、長期間のうちに積もり積もって大きな価値を持つ日常の意思決定もある。

だが、RAPIDの利用が長いベテランユーザーになると、溢出《いっしゅつ》効果ないし波及効果もあることに気づく。

重要な決定事項の意思決定権限を規定する慣行が定着すると、管理者は日常の業務でも同じ考え方や言葉を使う傾向が高いのだ。したがって、このツールは、組織内の意思決定を取り巻く役割を明確化するうえで大きな効果がある。

前出のオーストラリアの石油・ガス会社ウッドサイドを再び例として取り上げよう。同社は長年マトリックス構造の業務体制を貫いてきた。マトリックスは全社的な連携を促進することが目的だが、意思決定の権限や説明責任は曖昧になる。

その結果、機能部門や事業部門の間の調整に費やす時間が激増し、コスト上昇につながった。2012年、ウッドサイドの経営陣は営業指針をはっきりと定め、事業部門、機能部門、コーポレートセンター（本社機能）の職務、権限、責任の所在を明記した。幅広いトレーニング・プログラムを導入したことも、経営幹部向けに新しい指針やそれぞれの担当部門への影響を周知徹底するうえで有効だった。

さらに、指南役の小さなネットワークをつくり、意思決定上の障害物を取り除き、全社的な意思決定を迅速化した。

こうした取り組みが根底からの変革につながっている。重要な意思決定について責任の所在が明確化された結果、ウッドサイドの幹部は意思決定の流れを効率化し、無駄な時間を排除できた。

そのようにして得られた時間のかなりの部分が、いまでは計画実施の改善や新たな成長機会の特定といった活動に振り向けられるようになった。

意思決定上の役割が明確に規定されると、複雑さの解消にもつながる。どのノードも放っておくと事業運営に再び関わろうとするため、この役割の明確化が重要なのだ。

これは当然と言えば当然だ。製品技術担当役員なら、製品の販売方法について発言権があってしかるべきと感じるだろうし、マーケティング担当役員なら、最新機種にどういう機能を盛り込むべきか相談があってしかるべきと感じているはずだ。

だから役割が明確化されていないと、こうしたノードのやり取りが争いに発展しかねないのである。

〈5〉単なるフラット化ではなくピラミッド構造の圧縮を

スパンと階層に話を戻そう。どちらも依然として組織構造に不可欠な要素であることに変わりなく、何らかの対策が必要である。

複雑なノードの簡素化に成功した企業は、以前には得られなかった機会に恵まれる。スパンを広げて階層を削減することで、組織のフラット化にとどまらず、ピラミッド構造をたしかに圧縮できるのだ。

ピラミッド構造を圧縮するに当たって、いくつかの簡単な視点から見ていこう。まず、そもそも存在すべきでない組織は、スパンが8人だろうが2人だろうが大差はない。

本当に難しいのはすでに存在する部門を再編することではなく、企業の基本的な業務を実行するのに最低限必要な部門の数を特定することなのだ。もう1つは、先に取り上げた軍需関連の企業もそうだが、多くの企業では、実際に〝手を動かす人〟に対して、〝見ているだけの人〟の数が不釣り合いなほど多い点だ。

幹部は現場からある程度離れたところにいる。その幹部が、チーム全体に情報を行き渡らせ、会議で必要なデータをとりあえず何でもつくり、細々した未解決の事項を徹底的に調査できるようにと、見ているだけの人を大量に集めて会議を開く傾向がある。

ピラミッド構造の圧縮に着手する場合、いつもとは違う姿勢で物事に臨む必要がある。基本的には構造全体についてまったく白紙の状態で始めるのだ。必要な意思決定を下し、決定事項を実行に移すのに必要な最小限の人員数を決定する。マネージャーは、遠くから眺める上司ではなく、プレイング・マネージャーとして積極的に業務に関わることを前提とする。

この結果、確認したり承認したりするだけが仕事の社員は排除される。実際、この手の仕事自体、大半がなくなる。このやり方を採用する効果としては、管理層数の大幅な減少が挙げられる。たとえ管理スパンの平均が下がったとしても、業務の効率と効果が大きく向上するので十分に埋め合わせることができるのだ。

企業が業界に参入する際の競争環境は大きく異なるため、組織の理想的なあり方に決まり切った正解があるわけではない。

前出の大手酒類メーカー、アンハイザー・ブッシュ・インベブ（ABインベブ）は、比較的成熟した分野で事業を展開しており、価値創出や競争での成功のカギを握るのはコスト管理だ。階層数はほとんどの企業よりも少なく、管理スパンも少なめのため、全員が実際に〝手を動かす人〟でなければならず、官僚体質の管理職は存在しない。

だから組織全体として目を見張るほど贅肉がない。実際、同社では管理職に対して、「部下の責任を負ってもらうが、事細かく規定して管理するマイクロマネージャーになっている暇はない。管理職自身もやるべきことがたくさんあるからだ」と戒めている。

成長のスピードが激しく刻一刻と変化する市場で戦うグーグルは、組織のモデルこそ違うものの、管理職と部下の関係については同様の成果を達成している。グーグルの場合、ほとんどの仕事は自律的なチームが実行するため、管理スパンは非常に広い。

同社ではマネージャーの仕事について、部下を監督してかたちばかりの報告をさせるのではなく、チームが成功を収められるよう手助けすることだと規定している。直属の部下が多すぎれば、事細かに口を出すわけにいかないからだ。

どちらのモデルもまったくの白紙からスタートしたため、戦略を効率的、効果的に遂行するうえで必要な規模以上の大きな組織構造にならずにすんでいるのである。

大企業病は、企業活動を麻痺させるほどの深刻な病である。大企業病にかかれば、時間を無駄遣いし、不必要な作業を抱え、仕事の効率は落ちるばかりだ。この病にかかった組織を救うには、いま、前章と本章で述べてきたような一時しのぎで終わらない綿密な時間マネジメントと複雑さを軽減する対策が必要だ。

だが、真の好業績組織をつくり上げるには、単に大企業病を取り除くだけではけっして十分とは言えない。優秀な人材を集め、育て、上手に配置する必要があるのだ。社員の当事者意識とやる気を引き出せば、組織は社員の熱意と創造性を活用できるようになる。

言い換えれば、社員が組織を〝自分たちの〟組織として捉え、絶えず会社のことを気にかけ、成功の一助になりたいと思えるような企業文化を育むのだ。この取り組み方については、パート2に譲ろう。

【まとめ】オペレーティングモデルを簡素化する3つのポイント

1 ノードの数を把握せよ。幹部は、組織内にあるノードの数、つまりやり取りが発生する数を知ると、往々にして驚く。大きな意思決定にとてつもなく時間がかかる原因はここにある。とにかく意思決定のたびに、多数のノードをたどることになる。

2 オペレーティングモデルをじっくり吟味せよ。組織構造、責任の所在、ガバナンス、仕事の進め方を観察する。ほぼすべての企業で、この各要素についてオペレーティングモデルを簡素化する余裕がある。

3 これらを踏まえてスパンと階層を検討せよ。従来のスパンと階層の分析では十分な結果を出せないことが多い。スパンと階層はオペレーティングモデルの結果として現れるものである。

PART 2

TALENT

「人材」

「人材が最も重要な資産なのではない。適切な人材が重要なのだ」

——ジム・コリンズ

本書のパート１で提示した処方箋どおりに対応すれば、大企業病の症状は軽減されるはずだ。社員の貴重な時間の節約にもつながるため、生産性向上にも寄与する。

とはいえ、これだけでは組織の生産性を最大限に引き出せているとは言えない。優良企業は、わたしたちの調査でも判明しているように、優秀な人材を集めて、つなぎ留め、成果が最大になるようなかたちで配置することにより、生産力指数をじつに29ポイントも上昇させている。

残念ながら残る４分の３の企業は、人材を効果的にマネージしたとしても、生産力指数をわずかに４ポイントしか伸ばせていない。

それほどに人材は大切なのだが、人材なら何でもいいわけではない。大きな違いを生むのは、独自のスキルや経験を職場に提供し、企業の成功に欠かせない任務について、チームメンバーと協力して進めることができる人材かどうかだ。

第４章では、組織にいるといないとではまるで効果が違う「Ａクラスの人材」に焦点を当てる。こうした人材が何人必要になり（全員がＡクラスである必要はない）、どのような役割を担ってもらうのかを考察する。

さらに、こうした人材を見つけ出し、評価し、時間をかけて育て上げながら、最も効果を発揮できる場所に配置する方法を解説する。この大きな違いをもたらす人材、つまり「ディファレンスメーカー」が誰なのか見極めるのは、ＣＥＯの仕事である。ほとんどの大企業では、こうした人材は想像以上に少ないからだ。

第5章では、社員の能力を別の角度から眺めてみる。スティーブ・ジョブズの言葉を借りれば、「ビジネスでの偉業は1人の力では成し遂げられない。人が集まって初めて成し遂げられる」のである。

だが、一般的な企業がチームの編成・管理にどれほど注力できるだろうか。わたしたちの経験から言えば、本当にごくわずかだ。幹部主導でチームを編成する場合でも、たまたま手の空いている社員をかき集めた挙句、成果が上がらないのはなぜかと首を傾げているのはよくあるパターンである。

一方、優良企業ははるかに鍛錬された手法でチームづくりに臨む。本章で詳しく述べるが、優良企業はオールスターのチームを編成する。何らかの任務を迅速に、適切に遂行する必要に迫られた場合、優良企業なら、Aクラスの社員だけでチームを構成する可能性が高い。

ここでも、いくつかの事例を取り上げ、読者に考えてもらう論点を提示したい。説得力ある事例を挙げていくので、「超優良企業」が実際にどれほど優れているのかを見ていただきたい。

また、マネージャーの成績や可能性を従来の「9ボックス」（バリューと業績をそれぞれ3段階に分け、社員を順位付けする評価制度。ゼネラル・エレクトリック（GE）社が開発）で評価することがなぜ無意味に近いのかも説明する。

NASCARレース（ストックカーと呼ばれる市販車両を使用したレースから発展し、現在は市販車に似せた車両を使うレース）のドライバー、カイル・ブッシュが多くのレースを制している秘訣や、製品ラインナップに重大な空白を抱えていたボーイングがかつてないスピードでこの空白を埋めることに成功した手法、フォードやデルがチームづくりに注力することで業績好転につなげた方法なども併せて紹介する。

どの企業も優秀な人材を1人でも多く採用すべきだとはわかっている。だが、せっかく優秀な人材を採用しても、実を結ぶことなく終わってしまったらどうだろう。

優秀な社員が成長を続け、職場にインパクトを与え、他の優秀な社員とともに高い生産性を発揮してくれるはずが、そうならないとしたら……。人材は貴重な経営資源としてマネジメントを行う必要がある。そうすることで初めて大きな違いを生むのだ。

第4章

「違いを生み出す人材」を見つけて育てよ

優秀な社員、言い換えればAクラスの能力を持った人材が組織の業績に大きな違いをもたらしうることは誰でも知っている。

では、こうした人材がどのくらいの違いを生み出せるのかと問われると、意外に答えられないものだ。いくつか例を挙げて考えてみよう。

・ニューヨークのシーフードレストランの名店「ル・バーナディン」で、魚を捌くのがいちばん上手な料理人は、平均的な見習いと比べて、3分の1の時間で同じ量の魚を捌いてしまう。

・アップル随一のプログラム開発者は、シリコンバレーの平均的なソフトウェア・エンジニ

ア と比べて1日で9倍も多くの有益なコードを書き上げてしまう。
・ラスベガスの有名カジノ「シーザーズ・パレス」でブラックジャックを担当する最高の腕前のディーラーは、ラスベガス大通り沿いで活躍する平均的なディーラーの少なくとも5倍の時間、担当テーブルの客を途切れさせない。
・米百貨店チェーン「ノードストローム」で最も優秀な販売員は、他の百貨店の平均的な販売員と比べて売上が8倍も多い。
・米名門病院クリーブランド・クリニックで最も優秀な移植手術専門外科医が手がけた患者は、平均的な移植手術専門外科医が手がけた患者と比べて術後の生存期間が6倍以上も長い。

もちろん、こうした差が生まれる背景には、本来の能力以外の要素が絡んでいる可能性もある。

だが、人材の能力だけでも大きな違いを生んでいることはたしかだ。ジョン・ロバーツは、最高裁判所首席判事に任命されるまでに、連邦最高裁で39件の訴訟を手がけ、このうち25件を勝訴に導いている。この勝訴記録は、1950年以降に訴訟を手がけた有力弁護士（司法次官を除く）の平均的な記録の6倍である[1]。

優秀な人々とその他の人々の差は、職業の性質によって異なる（図表4-1参照）。取引や反復

図表4-1

生産性は1人ひとり違う

往々にして「優秀な人材」は「その他の人材」と比べてはるかに優れている

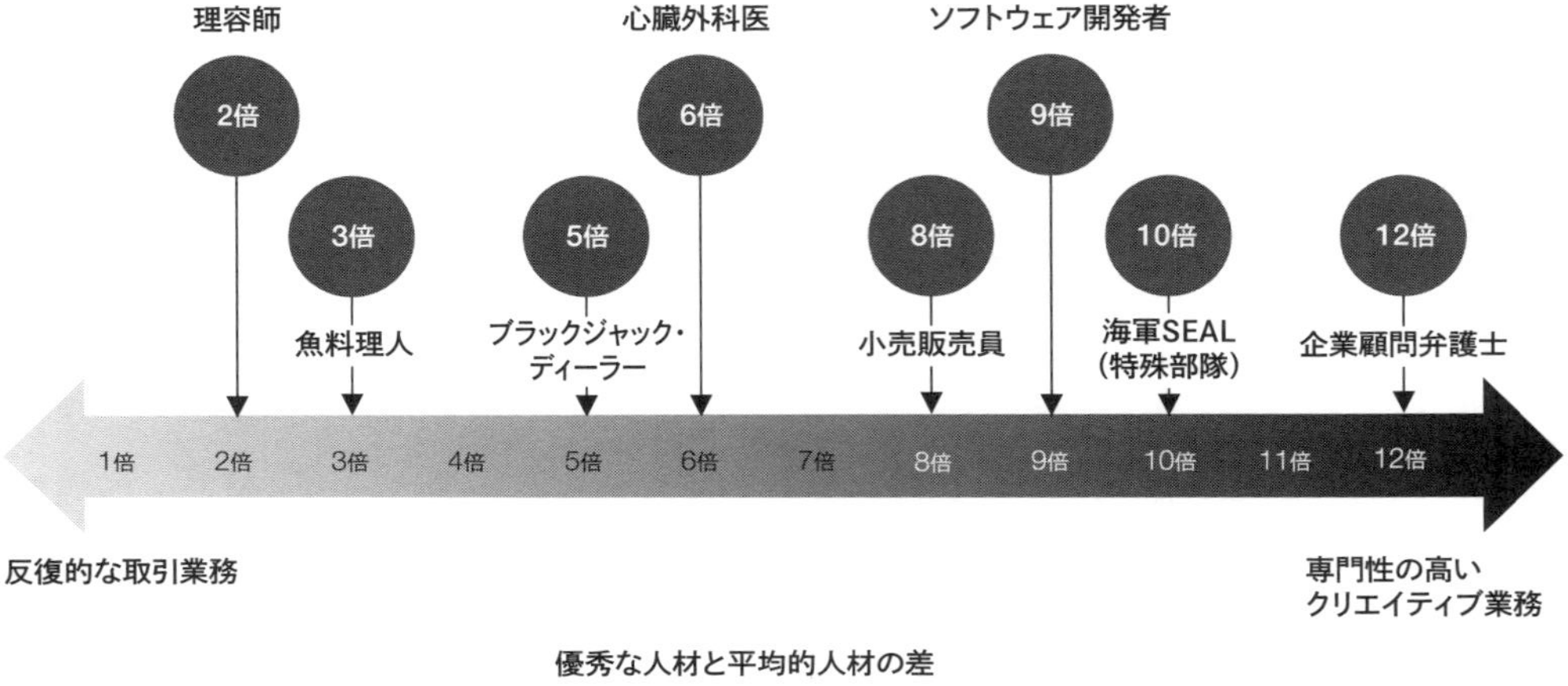

出所:ベイン・アンド・カンパニー

を伴う業務では、その差が3~5倍になるのが一般的だ。

たとえば、収納用品専門チェーン「ザ・コンテナストア」の創業者キップ・ティンデルによれば、この業界のスター社員は、他の社員と比べて約3倍以上生産性が高いという[2]。

もっと独創的な発想や専門的なスキルが求められる業務になると、その差は何桁も違ってくることがある。

グーグルの幹部によると、多少の誇張はあれど、同社の最優秀エンジニアは平均的エンジニアと比べて300倍も価値があるという。スティーブ・ジョブズはかつて「平均的な人間が達成できることと優秀な人間が達成できることのダイナミック・レンジ（最大と最小の範囲）は、下が1だとしたら、上は50か100くらいであることに気づいた」[3]と述べている。

程度の差はあれ、どの世界においてもその差はとてつもなく大きい。

ベインとエコノミスト・インテリジェンス・ユニットの合同調査において、最優秀人材の生産性は、平均的な人材と比べて、どの程度高いのかという質問をしている。ここでいう最優秀人材とは、社内に限らず、業界全体で見ても非常に優秀と目される人材である。回答を総合すると、最優秀人材の生産性は、社内の平均的な社員と比べて平均50％も高かった。

しかし、いくら優秀であっても具体性のない「優秀さ」では企業側も使いようがない。宅配会社が最優秀の魚料理人を雇っても無意味だ。

本当に必要なのは、誰よりも組織の使命を理解し、戦略を実行に移すことのできる人材である。それこそが、特定の種類の優秀な能力を持った人材、つまり社内にいるといないとでは大きな差が出る「違いを生み出す人材」、つまり「ディファレンスメーカー」である。このディファレンスメーカーを最大の効果を発揮できる職務に配置することが大切なのだ。

そう言うと、いとも簡単なことのような気がする。そもそもこの考え方に反対するようなCEOや人事担当役員がいるとも思えない。だが、残念ながら、従来の人事管理手法は、いまの組織の業務に対処しきれていないことは言うまでもない。人材採用の手法、組織の階層構造、職務配置方針、成績管理制度、リーダー育成やコーチングのプログラムなどが積み重なっていくと、かえって優秀な人材の発見、育成、配置を効果的に実行できなくなるのだ。

以前、社員の何％くらいが成績優秀者、つまりAクラス人材に区分できるかと経営幹部に質問したところ、平均すると15％に届かない程度だった。しかも、ほとんどの企業が人材獲得戦争に多額の資金を投じていながら、このありさまである。

企業は、長年にわたって優秀な人材を追い求め、仰々しい肩書きを約束し、手当なども含めた高額の賃金を払ってきたが、それに見合った結果を出せていない。

一方、傑出した企業、つまり組織の生産性にまつわる常識を覆している企業は、何をするにせよ、理論面でも実践面でも一線を画している。

そこで本章ではこうした企業から得られる教訓を紹介しよう。必要な優秀人材、言い換えれば組織に合致したディファレンスメーカーを見つけ出す際に大いに役立つはずだ。人材の潜在能力を測る最先端のテクニックを使えば、違いを生み出す人材を発見・評価するうえで、きっと斬新なアイデアが得られる。

また、充実した評価・コーチング制度の下、こうした人材を育て、適切な期間に適切な職務を確実に割り当てるうえでも大いに威力を発揮するだろう。

そんなに細かく考えなければならない問題かと思われたかもしれない。だが、資金に関しては、すでに1円の単位まできっちりと管理していて、大きな投資には例外なく細心の注意を払っているはずだ。

ならば、人材にも同じように細心の注意を払ってもいいだろう。なぜなら、そういう人材こそが、今日の世界で業績に大きな違いをもたらす原動力になるからだ。人材が社員の生産性と競争力に及ぼす影響を考えると、次の3つのステップが非常に大きな意味を持つ。

1 ディファレンスメーカーが
どこで最大の違いをもたらしてくれるのか見極める

当たり前だと思うかもしれないが、どういうわけか多くの企業がこの基本を軽んじている。ホワイトカラー人材の大半の費用を計上する間接費は、昔ながらの手順で予算を立てていると思うが、その際、前年の実績値がベースになっているはずだ。予算増分の割り当ても平等で、各事業分野の扱いはほぼ同等だ。会社側は、使命や戦略から見た職務の重要度などお構いなく、「職務レベルの向上」を求める。

その結果、ただ言われたことをやるだけで十分な実行能力に磨きをかける一方、会社のビジネスモデルから見て本当に重要な実行能力には十分に投資していないのだ。

ここで改めて読者に問いたい。人材への投資には、会社の戦略が反映されているだろうか。じつは企業のCEOにこの問いを投げかけると、「わからない」という回答があまりに多いのである。

ではディファレンスメーカーの活用を進めるうえでの第一歩目から見ていこう。しっかりとした人材計画は、自社の戦略やビジネスモデルに照らして、競争優位を確立するのに必要な能力・手腕を明確に定義するところから始まる。このプロセスでは次の3点を吟味する。

・価値を高めるのは何か。現在、そして将来、収益性を保ちながら持続的な成長をもたらす源泉は何か。
・社内でどの能力が最も重要なのか。競合他社との差別化につながる（と同時に競合他社より優れた）製品、サービス、体験を顧客に提供するうえで、どのような実行能力や資産が不可欠か。こうした重要な実行能力において、どこにギャップがあるのか。どの部分で改善に取り組めば、大きな競争優位を獲得できるのか。
・どこに重点投資するのか。優先分野に効果的に予算を確保できるようこれらの重要な実行能力に対して、希少な経営資源を重点的かつ十分に振り向けているか。

会社の能力を分析する場合、きめ細かいレベルで定義・評価することが大切だ。いくつかの主要な条件を満たさない限り、しっかりとした能力が整っているとは言えない。その条件とは、第1に、能力が価値と明確につながっていること。

第2に、しかるべき人材、プロセス、技術に基づき、高い品質を維持しながら再現性のあるかたちで提供できることだ。

第3に、会社の組織構造、責任の所在、意思決定プロセス、仕事の進め方の面から見て、この実行能力が効果的に発揮される体制になっていることだ。

条件を満たしたら、営業費用の予算をその能力マップに落とし込み、実際に戦略的な目的や要件に投じている資金と比較して、一貫性があるか、ズレがあるかをチェックする。

〈1〉ビジネスの根幹を支える職務にディファレンスメーカーを配置する

差別化が必要な能力が明確になれば、会社の成功に大きく貢献する能力ごとに、職務を決定できるようになる。こうした職務にこそ、ディファレンスメーカーを配置すべきなのだ。

多くの企業の人事計画も往々にしてここで行き詰まる。組織全体にAクラス人材をずらりと揃えることなど不可能である。それにAクラス人材を採るとなれば、採用にせよ、報酬にせよ、ハードルが高いことも経営陣は承知している。だから企業は、希少な人材の発見、採用、育成、配置のために手の込んだ制度を用意するのだ。

ところが、いくらこうした制度があってもうまくいかないのは、あるシンプルな問いかけを自らにしていないからだ。その問いかけとは、自社の戦略やビジネスモデルから見て、どの部分が事業の成否を決める重要な部分であり、Aクラス人材に託すべきか、逆にある程度能力はあるが容易に入れ替えのきくBクラス人材でいけそうな部分はどこかというものだ。

「この職務に平均レベルの社員を配置したら、業績に大きな効果を出せるだろうか」ということを自問自答していないのだ。

Bクラス人材で間に合う職務にAクラス人材を配置すると、希少な経営資源を活かしきれない。また、ほとんどの幹部が社内にいるAクラス人材は全体のせいぜい15％と考えている実態を踏まえれば、たとえ一部でも配置ミスがあれば、会社の生産力に計り知れない影響を及ぼすことになる。

わたしたちの調査でも経験則でも、この「意図的な不平等人事」にはたしかに効果が認められる。ちなみに優良企業とその他の企業に存在するAクラス人材の割合は大差なく、前者が16％、後者が14％である。

では何が違うのかと言えば、こうした人材の配置方法なのだ（図表4－2参照）。ほとんどの普通の企業は、優秀な人材の配置に関して、無意識に平等主義を実践していると言えよう。つまり、どの職務にも、多少の差こそあれ、14％はAクラス人材が混じっているということだ。

一方、優良企業は、希少な人材の配置に関して、あえて不平等主義を貫いている。ビジネスの命運を握る職務（全体の5％程度）には優秀な人材を置くべきであることは、どの経営者もわかっている。

優良企業において最重要職務の95％以上をAクラス人材、すなわちディファレンスメーカー

図表4-2

優良企業もその他の企業もAクラス人材の在籍数は大差ないが、優良企業はこうした人材を最重要職務に集中配置している

その他の企業のAクラス人材：14%

最重要職務へのAクラス人材配置状況

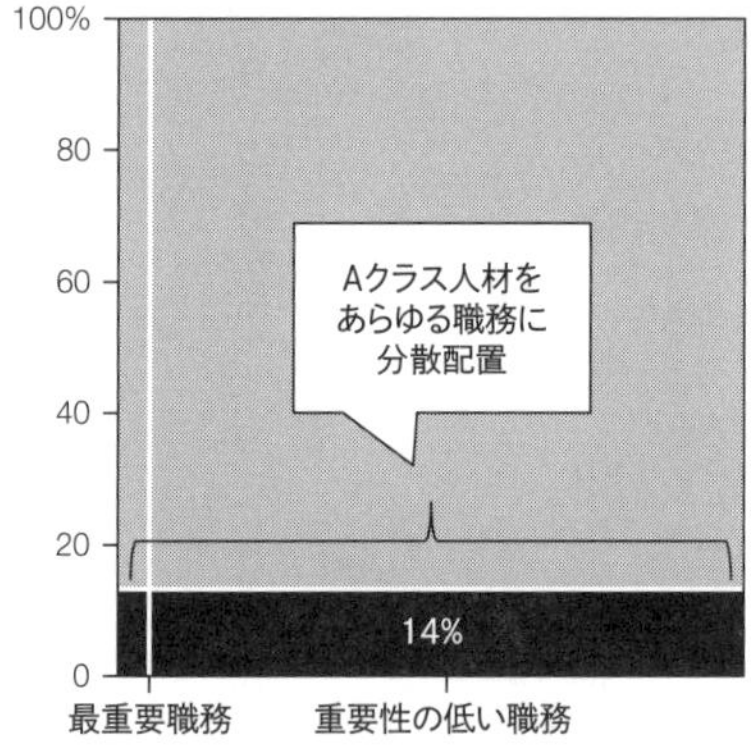

優良企業のAクラス人材：16%

最重要職務へのAクラス人材配置状況

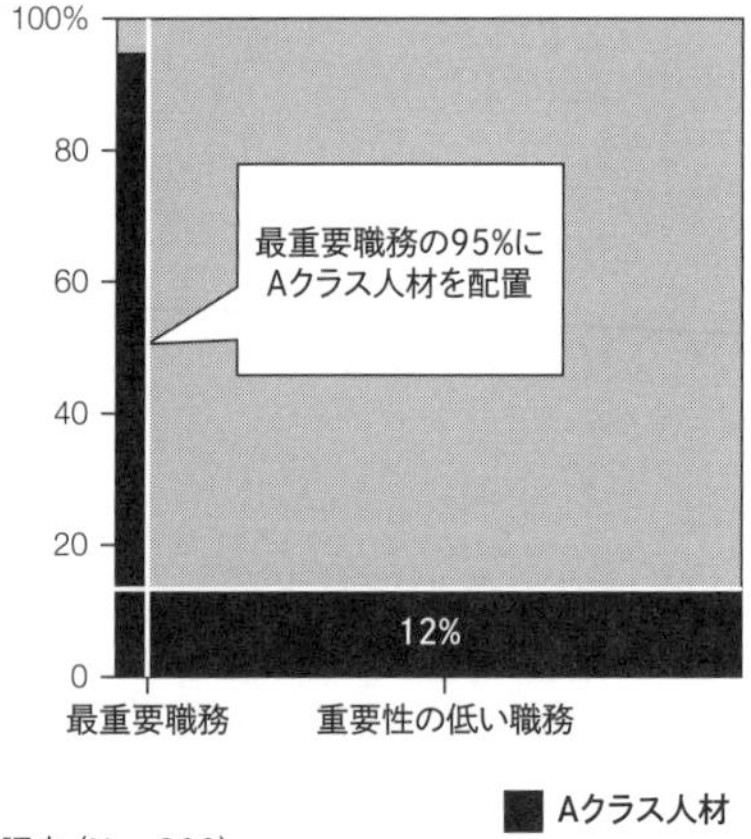

出所：ベイン/EIU合同調査（N = 308）

だけで固めたとすれば、他の職務に配置されるAクラス人材は全体の12％未満となるはずだ。

では、ビジネスの命運を握る重要職務とは何か。それは必ずしも組織の階層に対応するものではない。また、通常、社外の人間にはパッと見てわかるものでもない。さらに、この職務を特定するには、通常以下に挙げるような評価作業が必要になる。

企業の鍵となる組織資産は何で、その活用には何が必要なのか

多くの場合、企業の主要資産とは、独自に開発した知財、有力ブランド、低コスト生産のための設備、独自の販路などで、この主要資産が何であるかによって、Aクラス人材が必要とされる場所も決まってくる。こうした資産はしっかり維持しつつフルに活用したいものだ。

その一方で、ときとして企業の資産や卓越した能力だけで十分な優位を生み出せることがある。その場合、意思決定の責任者が誰であろうと、成果は大差ないことが多い。このような場合、Bクラス人材であっても、Aクラス人材が生み出す成果と大きくは変わらない。

エキスパートシステムやプロセスでは対応しきれない部分はどこか

エキスパートシステムでは、有能な社員個人の意思決定スキルを再現できないことが多い。

その理由として、外部環境の変化が激しすぎて、十分に時間をかけてしかるべき知識を反映

できない点が挙げられる。あるいは、意思決定権者が、職務の境界にまたがる複雑なプロセスの接点におり、エキスパートシステムではコスト高になる誤判断をいくつも出しかねないからだ。

例として、消費者向けのパッケージ商品メーカーで、イノベーション、販売・業務計画、価格設定、長期生産キャパシティ計画に関わる社員を考えてみよう。彼らの判断次第で、会社の業績は大きな影響を受ける可能性がある。営業、マーケティング、R&D、オペレーションの各分野にまたがる総合的な知識やノウハウが必要になるからだ。こうした職務にAクラス人材を置けば、最終的な利益に大きな差が生まれる可能性がある。

業界やビジネスモデルの進展に伴って変化するスキル要件は何か

消費者向け企業の多くは、ビッグデータや先進の分析手法、あらゆるデジタルツールに真っ先に飛びついている。その結果、重要なマーケティングやマーチャンダイジングの職務に劇的な効果がもたらされている。

かつては科学的な専門知識というよりも勘所が物を言う職人技に近かったポジションや業務で、いまは逆に科学的な専門知識の比重が高まっている。この流れを反映して、販売責任者やデジタル担当役員の役割（そして、こうした役割で求められるスキル）も変化している。

〈2〉CEOの関与が必要となる局面とその理由

CEOが時間を割くべき場面はいろいろあるが、どうしてもやるべきなのは、優秀な人材の発見、育成、配置への関与である。組織全体の人材戦略にはCEOや人事の最高責任者の関与が求められるが、それ以上にビジネスの命運を握るような職務の特定と、それを満足にこなせるディファレンスメーカーの見極めは、どうしてもCEOでなければならないのだ。

わたしたちの経験では、大企業においてこうした人材は100〜150人程度が対象になる。

この数字の根拠を挙げておこう。CEOが直属の部下8人を抱えている会社を考えてみよう。この8人それぞれの管理スパン（1人の上長が管理できる部下の人数）も8人とする。

同様に、次の階層も、そのまた次の階層も管理スパンは8人だとしよう。するとCEOの下3階層目の時点で社員はざっと600人に達する。

社員は誰もみな大切な存在ではあるが、全員がディファレンスメーカーになれるわけではない。実際、CEO直属の部下とて、ディファレンスメーカーと呼ぶにふさわしいのはせいぜい2、3人だ。組織の各階層、各支社でそのくらいの割合でディファレンスメーカーが存在するとすれば、組織の上から3階層で150人程度のディファレンスメーカーがいることになるのだ。

意外なことに、この数字は英国の人類学者ロビン・ダンバーが唱えた「ダンバー数」に符合する[4]。霊長類と原始的な人間の集団の研究を基に、ダンバーは人間が快適に維持できる安定的な関係の数は約150が限界と唱えた。

この前提は、新石器時代に農耕生活をしていた集落だろうが、ローマ時代の軍隊だろうが、大学の学会だろうが、古代、現代を問わずあらゆる人間の組織に当てはまるようなのだ。

このダンバー数は、共同作業（たとえば生存のための活動）に高い意欲を持つ集団や、互いに非常に近い距離感で仕事や生活をする集団にも当てはまる。つまり、現代の企業の経営にも当てはまりそうなのだ。

そこで、読者の組織のビジネスモデルや戦略、資産、能力を念頭に、最も重要なポジションを100〜150挙げてもらいたい。次に、会社のディファレンスメーカーを100〜150人挙げていただきたい。両者は重なっているだろうか。

2 ディファレンスメーカーの上手な見つけ方

ここまで本書を読み進めてきたところで、読者は組織としての重要な実行能力、ビジネスの命運を握るような職務を明確に定義できているはずである。

次の課題は、こうした職務を担う優秀な人材の発見・育成プロセスをどう改革するかだ。

ほとんどの企業は、採用、昇進、退職の決定に際して、「業績」と「潜在能力」という2つの尺度に基づいて検討している。この2つの要素をお馴染みの9ボックス・マトリックスに盛り込み、それぞれ「高」「中」「低」のランクに分けるのが、よくあるパターンだ。この考え方自体は間違っていない。

問題は、この枠組みに放り込む内容と、その結果として実行するアクションに、客観性もなければ、データから導き出される洞察もないし、有意義な結果もないことなのだ。これではまったく効果がなく、ゴミ箱直行と言ってもいい。そこでこの問題をもう少し掘り下げてみたい。

「業績」に関して言うと、客観的で定量的なデータ（売上とか利益率など）が容易に確保できれば、正確な評価を下すことはできる。

なかには、そういう短期的な指標では簡単に判断できない業績もある。だが、それはここで取り上げている問題に比べれば取るに足らない。

重要なのは、社員を評価するに当たり、きちんと焦点を絞り、測定可能な目標を設けるという規律が欠けていることだ。このような企業は、黙っていても主観評価になる。あるいは、客観評価であっても、人事査定の時期が来るたびに評価基準を再定義したりする。このようなやり方では、あってはならない点数のインフレが横行するようになる。

たとえば数年前、わたしたちはある大きな州立大学のコンサルティングを手がけたのだが、管理事務職だけで1万3000人以上もおり、毎年全員を5段階評価（1が「期待に応えられていない」、3が「期待に応えている」、5が「常に期待を上回る力を発揮している」）で評価していた。前年に1か2の評価だった職員はわずか7人で、1万人以上が4か5の評価だったのである。それでも経営陣は、ことあるごとに、管理事務職に質の高い人材が集まらないとこぼしていたのだ。

成績のインフレを回避するため、一部の企業では、分布を強制的に制限する強制評価（社員を相対評価してランク付けし、最下層をクビにする制度。「ランク・アンド・ヤンク」とも呼ばれる）の導入に乗り出した。

この制度では、成績のインフレこそ排除されるが、非常に制約が多いというデメリットもある。それに輪をかけて厄介なのは、社内が競争的な労働環境になり、効果的なチームワークが阻害されるようになる点だ。

実際、GEやマイクロソフトなどの企業は、社員を数段階に階層分けするスタック・ランキング制度の推進派だったが、最近になって多くの企業がこの評価方式を断念している。

もう1つよくある失敗が、多方面からの評価を取り入れた、いわゆる360度評価の導入だ。この方式は、主観に加えて、ひょっとすると社員間の駆け引きまで入り込んでくる余地がある。

要は、魚心あれば水心で、持ちつ持たれつの評価につながりかねないのだ。特に360度評価が報酬決定の材料に使われると、いいことは1つもない。

本来、フィードバックの目的は過去の成果の評価ではなく、今後の行動についてのコーチングであるはずだが、その目的が壊されてしまう。業績評価を損なうだけでなく、コーチングの企業文化も弱体化させることになる。コーチングについては、本章で後ほど取り上げたい。

次に「潜在能力」の軸だ。採用の可否を判断する際、潜在能力の測定は、実績の測定よりも重要になる。昇進やキャリアパス管理では、どちらも重要性は変わらない。潜在能力の測定作業には課題が山積みで、多くの組織が途中で断念し、例の9ボックスを放り投げてしまう。

米コンサルティング会社のタレント・ストラテジー・グループが企業100社を対象に実施した調査によれば、管理職が社員の潜在能力を正確に予測できるのは半分よりやや多い程度だという[5]。他の調査でも同じような結果となり、潜在能力が高いと判定された社員を社内で人事異動させても、そのうち40%近くは失敗に終わっている。

なぜそんなに失敗するのだろうか。

第1の理由として、社員個人の潜在能力の評価はあくまでも推測であって、たいていは十分な分析による裏付けもない点が挙げられる。だから必要以上に主観的になり、個人の先入観に左右されてしまう。

第2の理由として、個人の長期的な業績の推移ではなく、最近の業績に基づいて評価するのが普通だからだ。比較的昇進が早い企業の場合、成果は本人というよりも前任者の努力の賜物という可能性もあるのだが、そのような成果に基づいて潜在能力が評価されるわけだ。

第3の理由は、おそらく最も重要なのだが、誰が評価するかという問題だ。ほとんどの企業では、対象者の直属の上司が評価することになっている。上司がBクラス人材で、部下がAクラス人材という組み合わせで評価をすると厄介なことになる。しかも当の上司はその事実に気づいていない可能性もある。逆に気づいていたら上司はおもしろくないだろう。

企業が採用制度や人事考課制度に長年予算を投じてきても、潜在能力の測定自体が正しく行われていないとしたら、どうすればいいのだろうか。わたしたちは、優秀な人材に共通する行動特性、学習速度、協調的知性、これまでの足跡という4つの視点に基づく現実的な解決策を提案している。

〈行動特性〉

このコンセプトには2つの前提がある[6]。

まず社内にいる優秀な人材は特徴的な行動特性を見せるものだ。普通の人材なら平凡な結果しか出せない状況でも大きな成果をもたらすAクラス人材に共通して見られる働き方があるのだ。ほとんどのオペレーティングモデルで対象にしているような月並みな行動を言っているのではない。企業ごと、さらには戦略や社風、ビジネスの背景、モデルに大きく関わってくるような行動様式なのである。

第2の前提は、こうした行動特性の評価に主観が入ってはいけないということだ。とにかくデータが重要である。ビッグデータを分析する最新の手法も有益だ。

競争優位をもたらす行動特性は、企業の戦略や社風によって大きく異なる。たとえば、グーグルのようなハイテク企業と、大手酒類メーカーであるABインベブのようなオペレーションやコストが重視される企業の違いに注目してみよう。ちなみに、ABインベブはブラジル系投資会社3Gキャピタルのブラジル人創業者らが支援していた上場企業でもある。

たとえば、グーグルでは、求める人材を「スマート・クリエイティブ」と定義する。「ビジネスセンスがあり、データを重視し、テクノロジーに精通したパワーユーザーで、独創的なエネルギーと自ら手を動かして行動する傾向が強い」特徴を持つ人材だ。

こういう人材には、グーグルの人事最高責任者を務めるラズロ・ボックが言う「自由度が高い」環境で自律的に仕事に取り組めるようにしてやる必要がある。

一方、ABインベブでは発想が異なる。3Gキャピタルと経営に携わるパートナーたちを描いた書籍『Dream Big』に書かれているように、ABインベブは「スマートでデータ重視、人間的に貪欲で、質素倹約型」の人材を求めている。「責任感が強いことに加え、形式ばらない環境で高い能力が求められるなか、限られた経営資源を生かしながら、実績のある業務パターンに沿って、積極的に仕事に取り組むこと」が求められる[7]。

グーグルもABインベブも自律性、主体性を重んじているが、その方法論は異なる。グーグルの場合、自律性とは、機動性に優れたプロセスやチームがもたらす副産物であるのに対して、ABインベブの場合、自律性とは思い切った官僚主義の一掃と明確に規定された枠組み内での自由から生まれるものなのだ。

だからグーグルで優秀な人材とABインベブで優秀な人材とでは行動特性が違う可能性が高いが、おそらくは価値観とリーダーシップ特性は相通ずるものがあるのだ。

一般に、好業績企業は、面接段階で卓越した行動特性を持つ人材かどうかの審査に特に力を入れている。

エアビーアンドビーの創業者でCEOのブライアン・チェスキーは、200人目までの社員は自ら面接していたが、これ以上は無理と判断して取りやめたという。エアビーアンドビーの場合、志願者は職能スキルと専門スキルで評価される。続いて社風との適合度を見る面接が2つある。この面接では6項目のコアバリューについてチェックする。

その1つが「ホストマインドを持て」である。つまり、ホスピタリティと人助けに情熱を傾けよ、という意味だ。エアビーアンドビーは、行動面接の手法や志願者の経歴精査を通じて、志願者の価値観とこれに対応する行動をチェックする術を身につけた。

行動特性開発の分野では、多くのベンチャー企業がイノベーションに成功している。たとえば、ロンドンに本拠を置くシネカノン（ｓｑｎ）は、企業がリーダーシップに求める行動特性を定義する際に役立つ手法を開発し、十分な実績を重ねている（「Performance or Leadership Signature」として商標登録ずみ）。また、同社は定期的なフィードバックに基づく強力な評価・コーチングシステムも開発している。

その際のフィードバックは、高度な分析、独自の機械学習・人工知能モデリング、インテリジェントな調査手法を活用している。

ｓｑｎ独自の手法を使った経営幹部育成プログラムは、３段階のプロセスで構成される。第１ステップは、自社の戦略・社風を念頭に、成功のための行動要件に経営戦略を落とし込む作業だ。

このステップには、職人技のような側面と科学的な専門知識の側面があり、データマイニング手法やｓｑｎ独自のデータベースが使われる。第２ステップでは、しっかりとした３６０度評価制度を確立し、各リーダーのギャップ評価を実施する。リーダーは行動特性のあらゆる面で秀でている必要はない。

むしろ一部の分野でずば抜けていて、それ以外の分野は所定の基準をクリアしていれば問題ない。経営幹部全体として、ずば抜けている分野が多岐にわたり、全体として行動特性が優れていることが大切なのだ。

最後の第3ステップは、新たにプログラムを開発し、個人へのコーチングと組織全体へのコーチングを通じて格差を埋めていく作業である。適度な頻度でしかるべき補強を伴う適切なコーチングがあって初めて、行動改革が定着するのである。

このプロセスをある欧州の金融機関を例に説明しよう。この金融機関は、ある地域全体に広がる大きな企業グループ傘下の子会社で、業界第2位にあり、リテールバンク・ブランドを2つ擁し、合わせて300以上の支店網を築いている。

かつては堅調な業績だったが、市場の急激な変化に見舞われていたために、新経営陣は幹部の能力強化が必要だと判断した。そこでｓｑｎの支援の下、行動評価とギャップ評価を幹部400人とスタッフ総勢2500人を対象に行った。

図表4-3は、この金融機関のために作成された行動特性を表している。「厳しさのある愛情」「鼓舞」「勝者」「結果実現」と銘打った4つの〝原動力〟が示されている。

それぞれの属性は、15項目の行動や考え方で構成されている。重要なのは、特性をつくり上げるプロセスだ。幹部の判断、業界事情に関する深い理解、ｓｑｎのデータベースを組み合わせ、全社の賛同を得るために最初から社員を巻き込むことにした。ラベルと表現は進出先の国の文化に合うように慎重に選定した。

適切な行動特性が固まると、ｓｑｎのオンライン行動測定プラットフォームでの評価プロセスを通じて、現状とのギャップを特定できるようになった。このデータを分析エンジンでフィルタリングし、予測や行動につながるフィードバックを作成した。また、幹部ごとのデータを四半期単位で更新するようにカスタマイズしたオンライン・ダッシュボードも開発した。

このプロセスを的確に導入すれば、素晴らしい成果につながるはずである。

実際にこの金融機関の場合、それまで約5％だった生産性の成長率が20％超に改善された。業界全体での総合的な業績でいえば、下位4分の1を脱して上位4分の1に食い込むことになった。

社内調査によれば、リーダーシップの効果は33％から70％に上昇し、当事者意識は50％から75％に上昇した。

わたしたちは、勝利につながる行動特性の特定・絞り込みを呼びかけているが、同時に行動特性の意味には多様性を持たせることを非常に重視している。多様性があれば、意見やものの見方、洞察、取り組み方に違いを生むことができる。

ある特定の行動特性を持つ人材を探すに当たって、こうした違いを見出すことをおろそかに

図表4-3

ある欧州系金融機関の事例

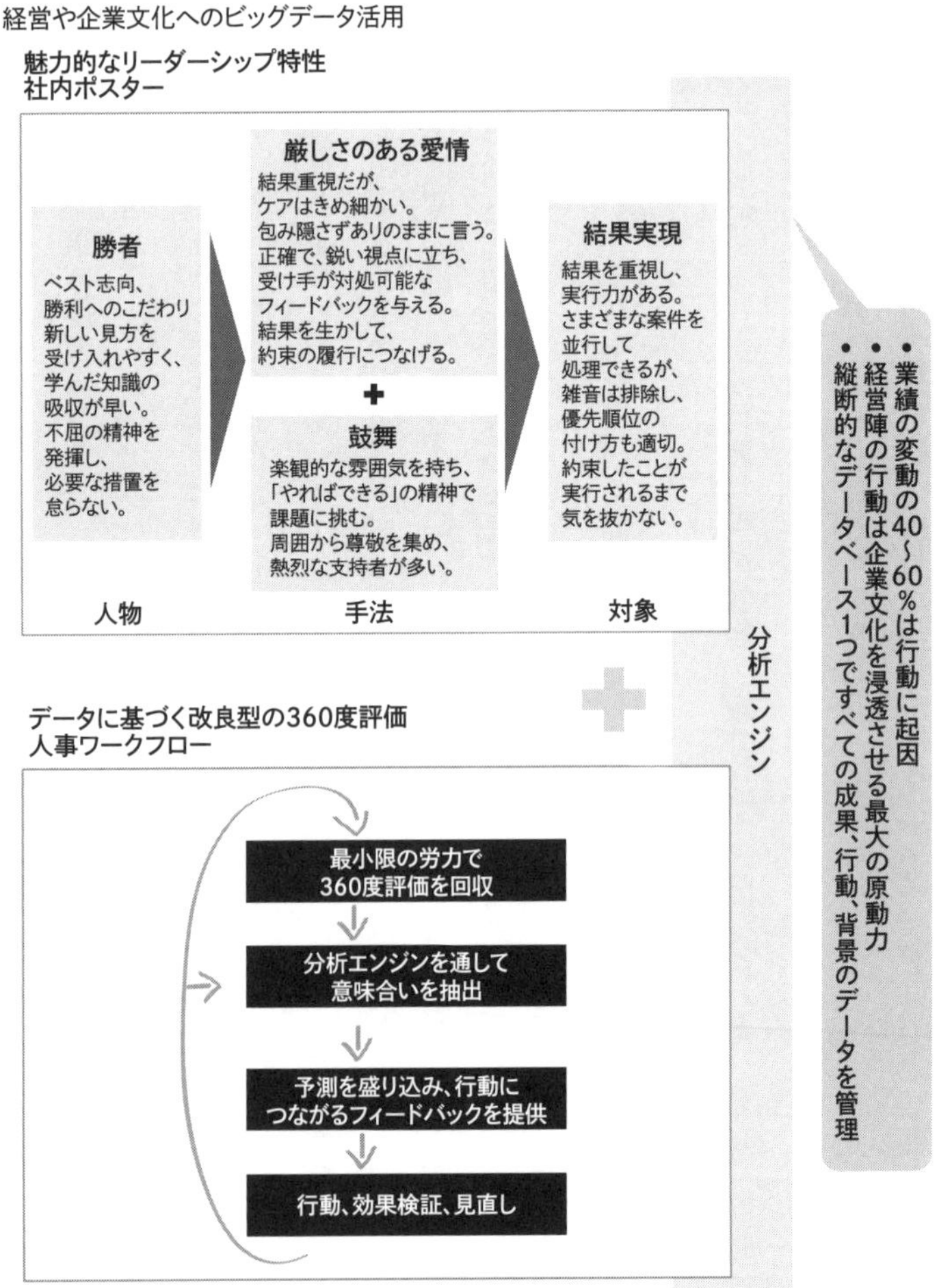

出所:sqn

してはならない。

結婚がいい例だ。固い絆の結婚をめざすとすると、パートナー間に十分な「類似性」がなければいい相性は望めないが、同時に十分な「相違性」もなければ情熱が刺激されない。

ビジネスにおいても、類似性は集中、スピード、整合性を生む一方、相違性がイノベーションや進化のエネルギーをもたらす。また、行動特性という概念と、性格のタイプを混同しないことも大切だ。

社交的な人材やボス型の男性・女性だらけの企業やチームは、好業績を一貫して上げ続けられない可能性がある。多様性があり、潜在能力が高いチームのつくり方については、チームづくりを扱った次章で改めて取り上げたい。


人間の能力や行動を考える場合、持って生まれたものと育成されたものがそれぞれどの程度なのかという議論が常につきまとう。優れた成果につながるハイパフォーマンス行動を促すべく企業としてできることは多いのではないだろうか。

ただし、社員の行動の多くには、自分自身の経歴や生来の資質に起因するきわめて個人的な強い信念が反映されていると思われる。先天的に身につけたものと根本的に異なるような考え方や行動を強要するのは難しい。

だからこそ、会社として必要とする行動のDNAを明確にしておくことが重要であり、また、組織内のディファレンスメーカー（会社の社風や業績に大きな影響を及ぼす人材）がこのDNAの要素をある程度備えているかどうか確認することが大切なのである。

〈学習速度〉

膨大な実証研究からわかっているように、潜在能力が高い人材でなくても優秀な人材はたくさんいるが、潜在能力が高い人材のほとんどは優秀な人材になる[8]。優秀な人材になるかどうかは、学習速度、つまり学びに対するフットワークのよさに大きくかかっている。

わたしたちは学習速度という言葉を使っているが、これは、新しい役割に適応し、新しい情報を吸収し、新たに入手した情報に基づいて針路や方法を変更するという、一連の過程をいかに素早く実行できるかを意味する。いわば学びのフットワークのよさである。

学習速度を根底から支えるのは、データに対してオープンに感度を上げることである。もう1つの重要な要素は、フィードバックとコーチングを建設的に受け止め、反応する能力である。

ハーバード・ビジネス・スクール教授だった故クリス・アージリスには、「賢い人々にいかに学び方を教えるか」というテーマについて膨大な著作がある。アージリスの研究によれば、知的な人材が建設的なフィードバックに耳を貸さず、反応できない場合、負のスパイラルに陥るという。

アージリスの研究は何十年も前に実施されたものだ。だが、同じ負のスパイラルは、いわゆるミレニアル世代にも当てはまる可能性がある。

米国の人気ラジオ・ドラマにレイク・ウォビゴンなる架空の村が登場する。そこの村民は全員が自分は平均より上と自己評価している。これは実際にはありえない状況なのだが、ミレニアル世代は、誰もが恵まれた生活を送っていて、まるでレイク・ウォビゴンの村民のように「うちの子は平均以上」と評価されてきたからだ。

〈協調的知性〉

「協調的知性」という言葉のルーツをたどると、オリバー・セルフリッジなどの研究者が人工知能分野で開拓した概念に行き着く[9]。ビジネスの世界では、知的なビジネスの成果を生み出す問題解決ネットワークの一部として、自律的に働く個人やグループを指す。ビジネスでの成功には、ある程度の協業が必要なことは言うまでもない。

社内で、あるいはもっと大きなビジネス・エコシステムの一部として、機能、地域、事業部門の垣根を越えた働き方を社員に求める場合、効果的に他者と協業できる能力の有無が物を言う。ところが、こうした協業する能力は社員全員が同じように持っているわけではない。かといって、社員にそうしたスキルを身につけてもらうための支援システムを用意している企業もほとんどない。また、協業に最も貢献した社員の働きを評価し、これに報いる企業も一般的にはない。

〈これまでの足跡とハングリー精神〉

社員が歩んできた道についての長期的な足跡を評価することは、最近の業績だけに着目するよりも、将来のパフォーマンスの有効な予測指標になる。

現時点での業績を評価し、それを基に将来の動向を推測するのが一般的なやり方だが、スタート地点からいまに至るまでにどのような道のりを歩んできたのかを吟味することで、将来の業績についてもっと的確に読み解くヒントが得られるのではないだろうか。

たとえば、高い授業料を払って初等・中等教育を受け、親と同じアイビーリーグの名門大学を出た人材と、高卒の両親の下で普通の公立の初等・中等教育を経て普通の大学を出た人材とでは、入社後に歩むことになる道は前者のほうがはるかに短いはずだ。

ではハングリー精神が旺盛なのはどちらだろうか。生涯トータルで見た場合、どちらのほうが多くのことを成し遂げる可能性が高いだろうか。

潜在能力を定量的、定性的に測る際、いま挙げた行動特性や学習速度、協調的知性、足跡やハングリー精神といった要素をすべて盛り込むことができる。そうすれば、企業の採用、昇進、育成のプロセスに劇的な改善が見られるはずだ。

それでもまだ疑問が残る。人材の候補をどこで見つけてくるのか。また、誰がそうした人材の供給体制を管理するのか。

わたしたちがコンサルティングを担当した企業のCEOに話を聞くと、企業の将来のニーズに継続的に応えていくうえで、人材供給体制が十分ではないとの声が多い。ビジネスの命運を握る役割にふさわしい次世代のトップ人材は、自前で育成するしかないと信じているCEOもいる。

だが、現時点で重要な任務を担っている社員であっても、市場の変化や戦略のシフトに伴って、将来は最適な人材ではなくなる可能性がある。スター社員や貢献度の高い社員に十分に報いることは、健全な社風をつくるうえで重要ではあるが、たとえ才能ある社員であっても、自身がこなせない職務やうまく溶け込めない職務に配置すれば、お互いにとって不幸だ。

さらに、内部の人材や過去のスター社員に依存しすぎれば、あまりに視野が狭く閉鎖的な組織になりかねない。ビジネスモデルのイノベーションに取り組みたくても、会社の業績を次のステージに高めたり、社内にある成功体験を打ち壊したりするのに必要な専門知識も能力も視点も得られずに終わってしまう。

その一方で、必要な人材を社内で育成できるわけがないと思い込んでいる企業もある。せっかく採用するなら外部からスター社員を招きたいという考えで頭がいっぱいなのだ。鍵となるのは、社内での人材育成と外部からの人材調達のバランスである。

では、人材供給の責任は誰にあるのか。外部の人材の場合、人事やヘッドハンターに頼ることが多い。

ところが、優良企業はこのやり方でうまくいくことなどまずないと気づいている。特にビジネスの命運を握るようなポジションに必要なディファレンスメーカーを配置するとなると、なおさらだ。

ヘッドハンターが役に立たないわけではないが、彼らは往々にして、こちらが想定するポジションに最適な人材が他に存在しようがしまいがおかまいなしに、とにかく優秀な人材を見つけてくるのが仕事だと思っている。

たとえば、シリコンバレーで急成長のソフトウェア・メーカーが、戦略遂行上、有能なソフトウェア・エンジニアとエンジニアリング・リーダーを必要としているとしよう。

こうした人材はそう簡単に見つかるものではない。あるヘッドハンターが持っている名簿には、ひょっとしたら非常に優秀な人材がいるかもしれないが、名簿の大部分はすでにグーグルやフェイスブック、アップル、セールスフォースといった有力企業に採用を見送られた人材である可能性も高い。

だからこそトップ企業の多くは、経営幹部が後継人材の採用・養成に大きな責任を持っているのが一般的だ。いま挙げたグーグルなどの企業に加え、バンク・オブ・アメリカやペプシ、デル、プロクター・アンド・ギャンブルといった有力企業は、強力な採用チームを社内に持っている。筆者が籍を置くベイン・アンド・カンパニーも同じだ。

もう1つ参考になるアイデアは、社内でのディファレンスメーカー育成と外部人材のネットワークづくりの責任者に幹部を置くことだ。そしてこの幹部に個人的な〝人材版バランスシート〟を作成させてはどうだろうか。資産に相当するのが、彼らの監督下で育てた人材の人数と力量である。

一方、負債に相当するのは、失った人材や十分に育成しきれなかった人材だ。本書で繰り返し述べていることだが、人材は資金と同じように綿密にマネージする必要がある。幹部は継続的な人材育成の責任を負うべきであって、人材をつくるも失うも、幹部の責任が問われるべきなのだ。

3 ディファレンスメーカーの有効性をさらに高めるには

ディファレンスメーカー候補の採用に重点的に力を入れてきたのであれば、その育成を促進するプロセスも整備したいと思うのは当然だ。言い換えれば、そのようなゴールを念頭に、研修や職務配置、報酬など、人事制度・手続きの大部分を見直すことになる。

その詳細は本書の範囲から外れるが、参考までに改革が必要な2つの慣行の事例を挙げておきたい。

〈コーチングと評価を分ける〉

平均的な企業では、社員に対するコーチングやフィードバックは、従来の年度ごとや半期ごとの人事評価に大きく依存している。だが、それは間違っている。多くの先進的な企業は、社員へのフィードバックの主な手段としてこうした人事評価制度を使わなくなっている。

人事評価は過去を振り返るものであって、特に報酬と直結する場合、受け手はどうしても感情的になりやすい。上司としては、社員の収入に影響が及びかねないだけに、率直な評価を出し渋る可能性がある。

一方、部下は、収入に響くとあって、フィードバックに耳を貸したくない思いがある。さらに重要なことに、年度ごとや半期ごとの人事評価では、なぜそのようなフィードバックに至ったのか社員に理解してもらおうにも、リアルタイムにコーチングが実施できない。

とはいえ、コーチングは優秀な人材の育成に欠かせない。学びと成長の意欲をかき立てられ、しかも経験豊富な社員の手助けが受けられるような環境づくりが大切である。だからこそ、多くの優良企業は勤務評定とコーチングのプロセスを明確に分けているのだ。

その際、図表4-4のようなシンプルな枠組みで指針を示すことも多い。また、こうした企業のほとんどがコーチング制度を整備するとともに、有能なコーチになるための管理職向け研修を実施して、フィードバックの頻度を高め、リアルタイムの指導をめざしている。

要領のいいジョブローテーションで人材育成を促進する

ほぼすべての大企業が職務配置とジョブローテーションをキャリア開発プロセスの一環として管理しようとしている。だが、ジョブローテーションを正しく実施するのは容易ではない。

一般的には職務配置期間は長くても2年だが、その成果が具体化するのはもっと時間がかかるものだ。このため、基本的には前任者の取り組みが色濃く反映される結果について、後任にペナルティや報酬が与えられるのは不当である。

図表4-4

コーチングと評価の分離が重要

	着目点	指標	報奨とのつながり	頻度	経営陣の役割
評価	•「何」をしたのか	• 成果	• 実力主義 • 意味のある結果	• 半期ごとの業績評価	• 目標設定 • 業績確定
コーチング	•「どのように」するのか	• 行動、手法、スタイル	• なし	• 日毎とその場その場のコーチング・フィードバック	• ロールモデルとしての行動 • 個々の潜在能力を最大限に引き出す個別コーチング

出所：ベイン・アンド・カンパニー

成果の評価が難しい原因はこれだけではない。社員の能力開発にも悪影響を及ぼすことになる。本来、フィードバックのメリットは、効果があったこと、効果がなかったことを理解し、会社を正しい方向に軌道修正するのに必要な是正策を知ることにあるのに、そのメリットが得られないのである。

今回の調査対象となった経営幹部に、人材のジョブローテーションがうまくいったと思えるケースはどのくらいあったかと尋ねてみた。すると、配置期間が適切だったケースは全体の50％をやや上回る程度と考えていることがわかった。

わたしたちの経験から言えば、最適な配置期間は2年よりも3年に近い。ただし、本人に対しては、固定された期間を伝えるよりも、それが複数年にわたる任務であって細かく定義した中間目標と測定可能な成果が設定されていると告げたほうがいいだろう。

職務規定書には、この複数年にわたる目標を明記し、そのなかに必ず後任候補を特定することを明記しておかなければならない。通常、こうした条件に基づいて業務上不可欠な職務に社員を配置した場合、複数年の任務を全うして成果を上げるまで、新たな職務配置を検討すべきではない。

互恵的な雇用契約制度――リンクトインの事例

こういった多くの問題を考えるうえでの好例がリンクトインだ。同社（2016年6月にマイクロソフトが260億ドルで買収）は、ビジネスに特化したソーシャルネットワークを運営するなど人材関連ビジネスで急成長を遂げている企業だが、まさに同社自体が大量の人材を必要としている。

同社の使命は、創業者リード・ホフマンの言葉を借りれば、何百万人ものメンバーが「他の人々との連携や結びつきの力で経済の成長曲線を変える」ために支援することだ。時間を効果的、効率的に使うための支援と言い換えてもいい。

ホフマンは次のように言う。

「ソーシャルメディアにもいろいろなタイプがありますが、その違いを一言で言えば、時間を浪費するか、時間を節約するかのどちらかです。（娯楽中心型の）ソーシャルネットワークは時間を使うのが基本。時間を使う以上は、おもしろくなければなりません。でも当社は、人々が重要な任務を成し遂げるうえで時間の節約になるような手助けをしたかったのです」。

郵 便 は が き

おそれいりますが
62円切手を
お貼りください。

1 0 2 8 6 4 1

東京都千代田区平河町2-16-1
平河町森タワー13階

プレジデント社

書籍編集部 行

フリガナ		生年（西暦）　年	
氏　名		男・女	歳
住　所	〒 TEL　　（　　）		
メールアドレス			
職業または学校名			

ご記入いただいた個人情報につきましては、アンケート集計、事務連絡や弊社サービスに関するお知らせに利用させていただきます。法令に基づく場合を除き、ご本人の同意を得ることなく他に利用または提供することはありません。個人情報の開示・訂正・削除等についてはお客様相談窓口までお問い合わせください。以上にご同意の上、ご送付ください。

＜お客様相談窓口＞経営企画本部 TEL03-3237-3731

株式会社プレジデント社　個人情報保護管理者　経営企画本部長

この度はご購読ありがとうございます。アンケートにご協力ください。

本のタイトル

●ご購入のきっかけは何ですか?(○をお付けください。複数回答可)

1 タイトル　2 著者　3 内容・テーマ　4 帯のコピー
5 デザイン　6 人の勧め　7 インターネット
8 新聞・雑誌の広告（紙・誌名 ）
9 新聞・雑誌の書評や記事（紙・誌名 ）
10 その他( )

●本書を購入した書店をお教えください。

書店名／　（所在地 ）

●本書のご感想やご意見をお聞かせください。

●最近面白かった本、あるいは座右の一冊があればお教えください。

●今後お読みになりたいテーマや著者など、自由にお書きください。

どうもありがとうございました。

リンクトインがディファレンスメーカーを見つけ出す方法

人材はリンクトインの経営で最も優先順位が高い。同社CEOのジェフ・ウェイナーによれば、彼が一緒に仕事をしていていちばん楽しいと思える人々の特徴は、リンクトインが新規採用したい人材と重なっているという。

●大きな夢

ウェイナーは、他の人々に刺激を与えるとともに、会社を前進させられるようなビジョンを掲げよと社員に求めている。

●実行力（リンクトインの言葉で言えば「さっさとやっつける」能力）

臨機応変の才とウェイナーの言う「気力」で反対派の声をものともせず、自ら掲げたビジョンを、実際に実行すべき要素に分解して落とし込む能力が求められる。

●楽しむ力

リンクトインのディファレンスメーカーは、遊び心のある職場の雰囲気づくりに一役買う。たとえ夢を語り、実行力があっても、「堅物」では務まらない。

ウェイナーはこの要素の関係を図表4-5のようなベン図（集合図）で説明している。

図表4-5

ウェイナーのベン図（集合図）によるディファレンスメーカー発見術

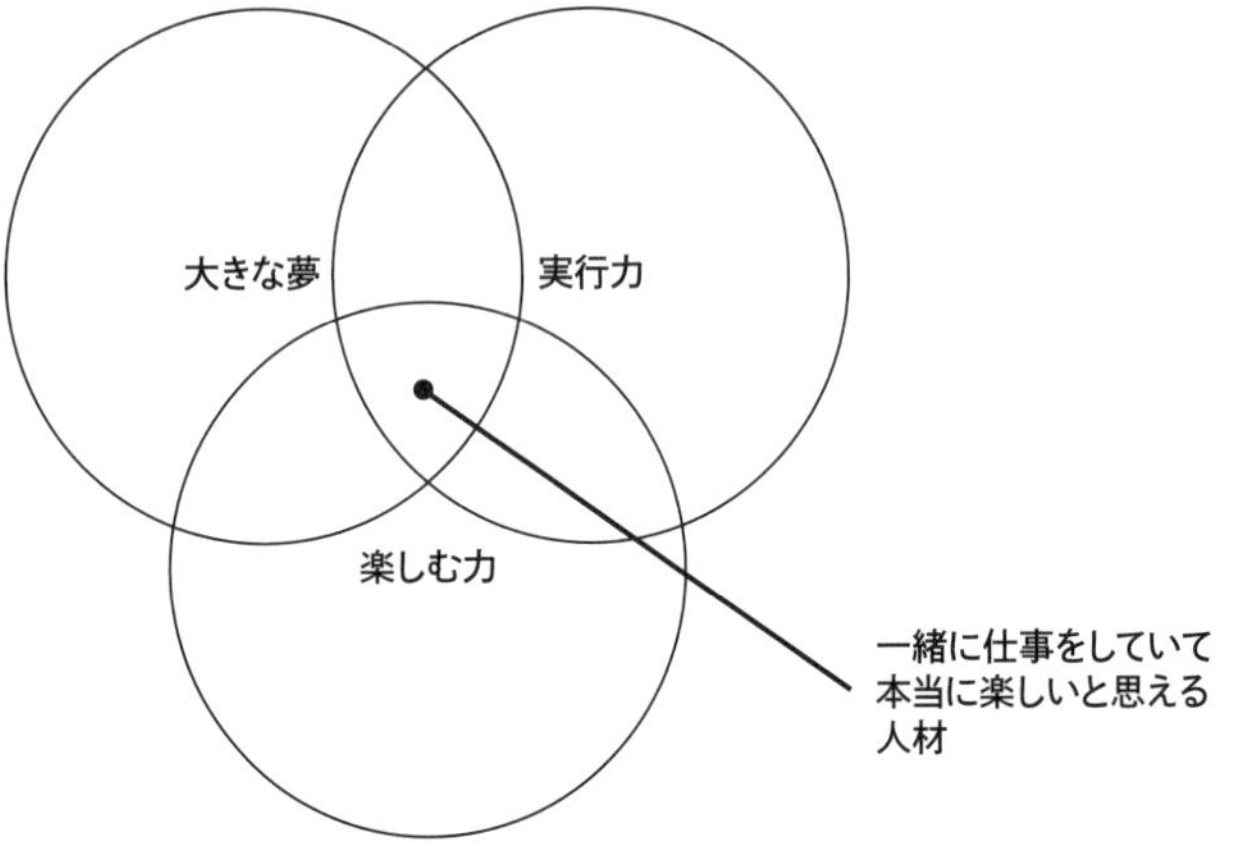

出所：リンクトイン（linkedin.com）CEOジェフ・ウェイナー

リンクトインにおけるディファレンスメーカーの当事者意識と動機づけ

リンクトインには、任務進化の道のり（tour of duty）を柱とする互恵的な雇用契約制度がある。

この制度は、人材の育成、つなぎ留め（離職防止）、当事者意識を醸成するうえで最も強力な手段の1つではないかとわたしたちは見ている。この制度について、同社創業者のホフマンらが著書『アライアンス』のなかで次のように定義している。

「たとえばリードがリンクトインを創業した当時、有能な社員に対して明確な契約を提示した。2年～4年間の任務への配属に同意し、事業の何らかの面で重要な貢献があった場合、リード自身と会社が、社員のキャリアアップを最大限支援するというものだ（そして、それはなるべくならリンクトインでの次の新たな任務が望ましい）。

この方式が功を奏した。会社にとっては、リンクトインのために目に見える結果を出そうと当事者意識のある社員を採用でき、さらに任務完了後に退職を選択した場合でも、同社の応援団や将来の人材になってくれる可能性があるからだ。

社員は自らのスキルや経験を充実させることでキャリアを高めることになる。任務配属期間が何度かあれば、同社での連続的な任務期間としてキャリアを捉えることで、起業家精神溢れる人材でも効果的に集めて、つなぎ留めることができる。

トップ人材を採用する場合には、具体的なメリットと成功した場合の成果を明確に記した任務内容を提示するのだ。これなら、「きっと貴重な経験になりますよ」などといった曖昧な約束よりも説得力がある。

魅力的な任務を設定できれば、具体的な使命の統一、真のスキルの発見、新しい関係の構築などにより、会社にいる間はもちろん、よそで働くことになった場合でも、社員のパーソナル・ブランド価値を高める具体的な方法を提示できる［10］。

社内でいちばん優秀な社員なら、今後も情熱が持てるものを追求し、キャリアを開発していくために、長きにわたって次のステップについて考えを巡らせているはずだ。所定の成果を上げることに特化した期間限定の任務を設定すれば、関心事項について意識合わせができるだけでなく、次の任務に有能な人材を再び採用するための自然な体系も生まれる。この結果、次に同じような機会があったときに場当たりで対応せずにすむ。

リンクトインにおけるディファレンスメーカーへのさらなる能力開発支援

同社では、有能な人材の育成・開発を支援するため、幅広い制度を整備している。具体的には次のような施策がある。

●リンクトインでは、社員が社内ではなく社外で個人的な人脈を築くことを奨励していて、この目的のために利用できる時間とリソースも提供している。

仕事のプロフェッショナルたちのための人脈づくりを支援する会社だけに、同様の機会を社員に提供しても不思議ではないが、じつは社員と会社の双方にメリットがあるのだ。社員は、人脈を広げて新たなアイデアに触れる機会を増やすことで、自分のキャリアの価値を高めることができる。

一方、会社にとっては、自分が信頼されていると感じてやる気を出している社員を確保し、社員自身の人脈を生かして会社の利益に結びつけることができるのだ。

●毎月1回、リンクトインでは、「インベストメント・デー」（略称「イン・デー」）なる自己投資のための日を設けている。全世界の社員が通常業務を一旦止めて、自己啓発や能力開発の新たなアイデアを練る時間に充てている。

●リンクトインは、「変革」を重んじる企業文化を育んでいる。経営幹部は「自己変革」「企業変革」「世界変革」という3つの観点から変革について絶えず語りかけている。

自己変革のゴールは、入社時よりも能力を高めた人材としてリンクトインで活躍することである。同社ではこれを促進するため、講演会、健康増進プログラム、思い切った研修予算確保などの施策を打ち出している。

企業変革のゴールは、会社の可能性をフルに引き出すことにある。具体的な施策には、「ウーメン・イン・テック」という企画や、ダイバーシティ促進プログラム、隔週開催の全社員参加総会などがある。

世界変革のゴールは、世界中で働く人々1人ひとりに経済的な機会がもたらされることである。これは、世界経済をデジタルマッピングし、グローバルな規模で人材とビジネスチャンスをつなぐことであり、変革のための機会と専門家を結びつける同社の社会貢献プログラム「リンクトイン・フォー・グッド」を支援することでもある。

また、特別な目的のためのボランティア活動に前出のイン・デーを活用することでもある。人材に大きく依存する事業を展開し、デジタルの力で仕事のプロフェッショナルたちの人脈づくりをダイナミックに実現するビジネスモデルでは、変革というコンセプトはきわめて重要な意味を持つ。

絶えず変革に取り組む企業文化を醸成することにより、組織の内部環境が外部環境と同じように常に新陳代謝を繰り返すようになるからだ。

終身雇用がほぼ過去のものとなり、人材が流動的になり、企業の最も希少な経営資源が時間、人材、意欲になっている世界では、仕事のプロフェッショナルたちをつなぐネットワークとしてのリンクトインの価値はひときわ高まる。

同社創業者らは次のように語っている。

メンバー第一です。そこに当社は最高の価値を置いています。一般の企業では、おカネを払ってくれる顧客が最優先です。当社では、メンバーが最も重要なのです。たとえおカネを払ってくれるのはそのうちのごく少数だとしても、です。というのは、メンバーと生涯にわたる関係を構築するなかで、彼らのキャリアの軌跡に変革を起こすお手伝いをしようとしているからです。

リンクトインでは、変革につながる任務を与えて動機づけ、優秀な人材をつなぎ留めたいと考えているが、終身雇用に現実味がないことも経営陣は理解している。その意味で同社は、法人顧客に提供している助言を自ら守り、OB・OG人脈を重要資産として扱っている。その結果、リンクトインのビジネスモデル、社員にとっての企業の魅力、目的、社風は強化される。しかも、うまくいっているようだ。

就職情報サイト「トップ・プロスペクト」が実施したテクノロジー業界の人材の動きに関する調査によれば、リンクトインが競合に社員を取られた数を1とすると、同社が競合から取った数は7・5になる。グーグル（1・2）に比べればかなりの成績で、人材を惹きつけ続けるフェイスブック（8・1）といい勝負の人材獲得力を見せている。

Aクラス人材の発見・育成は、大企業病を克服するうえで重要な要素となる。だが、おもしろいことに、わたしたちが実施した調査で上位4分の1の企業が擁する優秀な人材の数自体は、他の企業をわずかに上回る程度だったのである。要するに、優秀な人材の数に関しては、優良企業と並みの企業との間に大差はないのだ。

人材面で最大の違いを生み出していたのは、トップ企業がディファレンスメーカーに任せていた職務、そして優秀な人材のチーム編成・配置方法なのである。そこで次章ではこの点をもう少し掘り下げてみよう。

【まとめ】ディファレンスメーカーの発見・育成を促進する3つのポイント

1 ディファレンスメーカーが本当に違いを生み出せる職務を見極めよ。人材計画と、会社としての価値創出戦略を連動させ、競争優位を確立したい分野に経営資源を重点的に配置する。100〜150の鍵となるポストを特定し、ここにディファレンスメーカーを配置する。とりわけこうした職務に関しては、企業が成長するにつれ人材も質が落ちていくなどという前提は捨て去るべきだ。

2 ディファレンスメーカーを見出すテクニックを刷新し、その育成の責任者に幹部を据えよ。戦略や企業文化を行動特性に落とし込む。リーダーシップの潜在能力を測定する際は、学習速度、協調的知性、これまでの足跡やハングリー精神を要素として盛り込む。突き詰めれば、人材計画は、人事やヘッドハンターではなく、経営幹部自身がしっかり直接マネージすることが大切だ。

3　ディファレンスメーカーがさらに向上するよう支援せよ。人事の慣行を見直す。データに基づくコーチングに注力し、有能な人材がその行動特性をさらにいい方向に伸ばせるように支援する。人材のジョブ・ローテーション戦略を見つめ直し、ローテーション不足と過剰ローテーションという2つの落とし穴を確実に回避しなければならない。

第5章

オールスターチームの編成・配置

ビジネスの場においてたった1人で仕事をしている人はまずいない。社内のAクラス人材、ディファレンスメーカーであっても、何らかの成果を上げようとすれば、他の社員との協力が不可欠である。この厳然たる真理を考えると、ほとんどの企業が協業の仕方やチーム編成、配置にまったくといっていいほど注意を払っていないのは驚くべきことだ。

こうした企業は、何か重要な仕事が発生した場合、とにかく頭数を集めて問題に当たらせる。なかには、何の条件もなく、単に手が空いているかどうかだけで頭数を揃えてチームにする企業もある。

一方、ご丁寧に、スター社員、並みの社員、成績不振者を〝バランスよく〟組み合わせたチームを編成する企業もある。どうやらスター社員が他の社員を底上げしてくれると期待してのチーム編成らしいが、こうしたチームがうまくいくことはまずない[1]。

まさにここが腕の見せどころである。ディファレンスメーカーとその他の社員の能力差がどこで拡大するかといえば、チーム編成だからだ。優秀なチームには、一種の戦力増幅効果がある。社員、特に優秀な社員が実力以上に大きな仕事を達成できるのである。

たとえば、米国海軍にはシールズ（SEALS）という特殊作戦部隊がある。シールズ隊員は並外れた能力の持ち主で、隊員1人の戦場での破壊力は平均的な兵士の10倍以上だ。だが、シールズ隊員10人でチームを編成すると、平均的な兵士の100倍をはるかに上回り、150倍、ひょっとすると200倍に達する破壊力を発揮する。

だから米国では、2011年のウサーマ・ビン・ラーディン殺害、2012年のソマリアの海賊に誘拐された米国人ジェシカ・ブキャナンとデンマーク人ポール・ティステズの救出作戦など、重要な警戒任務はシールズに託されたのである。

優秀なチームを編成し、チーム内やチーム間で効果的に協力できている企業は、競合他社を大きく上回る。2つの事例を紹介しよう。

●イーロン・マスクが手がける民間のロケット設計・製造会社、スペースXは、人工衛星打

ち上げ用ロケット「ファルコン9」を17億ドル足らずの予算で開発することに成功した。

NASAの政策担当副長官補の見立てによれば、仮にNASAが同じロケットを開発していたら2・35倍の40億ドル近くの支出になっていたと推定する。これは最終的には税金を払う国民の負担となる。NASAによれば最大の違いはスペースXのほうがはるかに少ない人数で実現している点だ。スペースXのエンジニアは長時間労働だ。おそらくNASAのエンジニアより長いはずだ。

だが、もっと重要なのは、NASAの何分の1かのコストでロケットを開発から打ち上げまで成し遂げたスペースXの優秀な設計チームの効率と生産性の高さである[2]。

●1995年の興行収入1位を記録し、アニメのあり方をがらりと変えた作品として有名な大ヒットアニメ映画『トイ・ストーリー』は、先見の明ある監督が1人で生み出したわけではない。

ピクサーの敏腕アーティストやアニメーター、ディズニーのベテラン幹部（当時映画部門責任者のジェフリー・カッツェンバーグなど）、そしてスティーブ・ジョブズがときにぶつかり合いながらも最終的には実り多い共同作業を成し遂げた成果である。

元はといえば、ピクサー・チームがディズニーに企画を持ちかけたのが始まりだが、カッツェンバーグは退屈なストーリーだと思ったという[3]。カッツェンバーグの主張で、ストーリーを大幅に見直してかなり先鋭的な内容に変わったが、今度はファミリー向け映画に不可欠な陽気さがなくなった。

試行錯誤の末、ようやく制作チームの全員が納得のいく内容に落ち着き、後に『タイム』誌が「今年度最も独創性溢れるコメディー作品」と評価するほどの変貌を遂げた[4]。

当時、ディズニー傘下の独立部門として運営されていたピクサーは、このチーム主導の方式で次々に記録を塗り替えていった。事実上すべてのピクサー作品がヒットを記録し、2作品を除く全作品が興行収入で『トイ・ストーリー』の3億7400万ドルを上回ることになった。

たとえば『ファインディング・ニモ』、その続編の『ファインディング・ドリー』はいずれも興行収入約9億ドルを達成している。他にも『インサイド・ヘッド』は8億5700万ドル、そしてもちろん『トイ・ストーリー』の続編2作も大ヒットを記録し、最新作の『トイ・ストーリー3』は10億ドルを達成した。

言うまでもなく、必ずしもすべての企業が先に挙げたようなベンチャー型やクリエイティブ型のビジネスに携わっているわけではないし、スペースXやピクサーのような組織形態を取れるわけでもない。

だが、どんな企業でも、優秀なチームやチーム内連携の力を生かして並外れた成果を生み出すことは可能だ。いや、大企業病の克服や優秀な人材の発見・育成にかける労力を無駄にしないためにも、そうすべきなのだ。そこで本章では、その方法を紹介する。

オールスターチーム

大きな成果をめざすために企業ができる重要なステップは、トップ社員を集めたチーム、つまりオールスターチームをつくり、特に重要な任務に配備することだ。平均的なチームと比べて成果も大きく、しかも短期間で結果を出してくれるはずだ。

このチーム編成案はかなり型破りだろう。事実、オールスターチームはうまくいかないというのが従来の常識だからだ。そのうちメンバーの我の強さが前面に出てくるのだ。

また、スター社員は仲間と協力しようとしないために、チームリーダーがまとめきれないという懸念もある。だが、そろそろこういう想定は見直すべきだ。ハードルが高い状況、たとえばビジネスモデルの改革が必要なときや、重要な新製品の設計が必要なとき、戦略上、何らかの問題の解決が必要なときなど、ここ一番の難しい状況で、オールスターチームを投入しないというのも、ずいぶんと間の抜けた話ではないだろうか。要はこうした面々を上手にマネージする手立てがあればいいのだ。

わたしたちは、オールスターチームが素晴らしい成果を上げた事例を何度も目にしている。たとえば、アップルが刷新した画期的なOS「OS X」の開発から、デバッグ（不具合修正）、配布までの一連の作業を2年足らずでやってのけたのは、わずか600人のエンジニアだ。

これとは対照的に、マイクロソフトのOS「ウィンドウズ・ビスタ」は開発からデバッグ、配布に至ったものの、結局見切りをつけるまでに1万人ものエンジニアを投じて、5年以上の歳月を費やしている。

むろん、アップルとマイクロソフトには、戦略上の重要な違いがあったことはたしかだ。とはいえ、わたしたちの独自の調査や両社の幹部へのインタビューから、生産性に約50倍もの差がついてしまった原因のかなりの部分は、チームづくりやチーム配置に対する両社の取り組み姿勢が関係していることがわかった。

常識に照らせば、オールスターチームには少なくとも「目的遂行能力」と「相乗効果」という2つの大きな優位性がある。

目的遂行能力

チーム内にワールドクラスのさまざまな人材がいれば、スター社員単独の場合に発揮できる生産性や能力の優位性を何倍にも増幅できる。

たとえばカーレースのピットでタイヤ交換などを手がけるクルーを思い浮かべていただきたい。

実力派の人気レーサー、カイル・ブッシュマンを支える6人のピットクルーは、NASCARのサーキットで最高峰と評価されている。ガスマン（給油担当）、ジャッキマン（ジャッキ担当）、タイヤキャリア（タイヤ運搬担当）、タイヤチェンジャー（タイヤ交換担当）など、各メンバーはそれぞれの持ち場で最高レベルの腕前だ。

このメンバーが、車番18のブッシュマンのピットインからピットアウトまでを最短時間で実行するという、たった1つの明快な目標に向かって、1年中トレーニングに打ち込んでいる。

標準的なピット作業は給油、4本のタイヤ交換など、73種類の作業があるが、ブッシュマンのピットクルーはこのすべての作業を12・12秒でやってのける。

ところが、メンバーの1人（たとえばタイヤ交換担当）を平均的なレベルのメンバーに替えるだけで、タイムは2倍近い23・09秒に跳ね上がる。

メンバー2人を平均的なレベルのメンバーにすると、30秒を大きく上回ってしまう。お気づきかと思うが、オールスターチームが生産性にもたらす効果は、直線的に増えるのではなく、幾何級数的に増えるのだ[5]。チーム内のAクラス人材が占める割合が大きくなれば、チームの成果は幾何級数的に増加するのである。

相乗効果

だが、オールスターチームの効果が表れるのは、チームによる成果の量だけではない。成果の質も同じように向上するのだ。優れた発想力のある社員が集まれば、1人では思いつかないような独創性やアイデアが刺激される可能性がある。

1990年代に米衣料品大手GAPを窮地から救ったミッキー・ドレクスラーは、最優秀の社員を集めて、販売とデザインの中核チームをつくり、強力なマーチャンダイジング力を築き上げた。

小売業の優れた業績を生み出す原動力は優れた商品であることを踏まえ、ドレクスラー率いる経営陣は、各社員の入社前の経歴も含めた過去の実績を徹底的に精査し、社内で最も優秀な販売担当者とデザイナーを探し出した。続いて、このAクラス社員だけを集めたチームを編成した（このチームのメンバーの多くは、シャネル前CEOのモーリーン・チキット、バーバリーやスマイソンの元CEO、アンディ・ヤノフスキーなど、小売業の経営で大きな成功を収めた面々だった）。

ドレクスラーはこのチームに、季節ごとに各店舗に合わせて、経営ビジョンを具体的な商品に落とし込むよう命じた。

読みは当たった。小売業界でも史上希に見るV字回復を遂げ、独自ブランド商品を扱う小売業のトップへと躍り出たのである。また、同社株主にも素晴らしい成果をもたらした。

1998年から2001年にかけてGAPは小売業として米国で最大の成功を収め、他の小売ブランドを寄せ付けないほどの急成長ぶりと価値創出力を見せつけた。

オールスターチームが質、量ともに成果を大きく高める能力を、わたしたちは戦力増幅効果と呼んでいる。業績に与える効果は感動的ですらある。

プロのバスケットボールチームとアマチュアチームの違いを考えてみればいい。どちらのチームも試合に出る能力はあるが、両チームを対戦させると、プロチームは10倍から20倍の得点で勝つはずだ。

会社の命運を握る取り組み

企業はいついかなるときも最重要課題を抱えているものだし、そうあるべきだ。

こうした取り組みは、会社の将来を左右するもので、生き残りと発展のためには、何としても成功させなければならない任務である。最重要課題のリストには大規模合併後の統合業務や新しい製品ラインの開発、基本戦略・方向性の見直しなども含まれる（たとえばＩＢＭはここ数年、基本戦略の見直しに取り組んでいる）。

詳細はともかくとして、こうした最重要課題はまさにオールスターチームの腕の見せどころなのだ。ディファレンスメーカーを集めたチームが最大の効果を発揮できる場といっていい。わたしたちの調査や経験からいえば、重要課題に向けたチームの編成・配備方法に大きな違いが見られる。

たとえば、企業幹部へのアンケートでは、ビジネスの成否を左右するような任務がある場合、必ずオールスターチームを充てるとの回答は優良企業で約75％に上った。ところがそうでない企業では、10％にも満たず、優良企業の7分の１以下という結果である。わたしたちの調査で並みの業績の企業は、優良企業に比べて、単に手が空いているかどうかを基準にチームの編成・配置をしているケースが4倍も高いことになる。

最近のビジネスの世界を見ても、重要な局面でオールスターチームの効果が発揮されていることがわかる。たとえば１９９０年、ボーイングは製品ラインナップに空白があることを問題視していた。ジャンボ旅客機「７４７」と中型旅客機「７６７」の中間が抜けていたからだ。

この空白を埋めるべく、同社はトップクラスのエンジニアを集めたチームを編成した。チームの初代リーダーを務めたのは、後にボーイングCEOに上り詰めるフィル・コンディットで、2代目が後にフォードCEOとなるアラン・ムラーリーだった。

オールスターチームは、それまでに同社が採用してきた設計手法とは大きく異なる手法を打ち出した。チームメンバーは全日本空輸、アメリカン航空、ブリティッシュ・エアウェイズ、キャセイパシフィック航空、デルタ航空、日本航空、カンタス航空、ユナイテッド航空の有力8社と共同で航空機の設計に当たったのである。この8社は最初に購入する顧客（ローンチ・カスタマー）として設計工程に深く関与したのである。

また、この最新機種「777」の設計作業はすべてコンピューター上で完結させており、コンピューター設計で誕生した初の航空機でもあった。顧客である航空各社からの細かい要望を反映し、最新の技術を投入した結果、777の基本設計は4カ月足らずで完了し、5年以内の就役を実現。他の機種と比べて所要期間を2年近く短縮することに成功した。

ボーイングは、花形エンジニアを結集し、顧客と協力しながら開発作業を進めることにより、多くの業界アナリストから民間航空産業で最も大きな成功を収めた航空機開発計画（現在、全世界で950機が運用中）との評価を受け、かつてないほどの短期間で開発を達成した。

もっと新しいところでは、2006年から2010年にフォードが業績好転を果たしたが、これもチームづくりが功を奏した好例とされている。

２００６年、好景気の最中にフォードは苦しんでいた。フォードの稼ぎ頭だったトラックやＳＵＶからの消費者離れが進み、同社のラインナップでは勝負にならない小型車人気が高まったため、同社の北米事業は巨額の損失を出していた。

当時の会長兼ＣＥＯのビル・フォードは、マーク・フィールズ（後のフォードＣＥＯ）、ボブ・シャンクス（後のＣＦＯ）、ジョー・ヒンリクス（後のフォード・アメリカズ社長）などからなるオールスターチームを編成し、北米事業向けに「ウェイ・フォワード・プラン」と銘打った計画を打ち出した。

これは、稼働率の低い工場の閉鎖、ＵＡＷ（全米合同自動車工組合）との労働協約の再交渉などを盛り込んだ思い切った内容の計画だった。

２００６年にムラーリーがＣＥＯに就任すると、ウェイ・フォワード・プランを強化・拡充し、数十億ドルの追加借り入れに踏み切り、非中核ブランド（アストンマーチン、ジャガー、ランドローバー、ボルボ、マツダ）を切り捨てるとともに、フォーカスやフュージョン、フィエスタなどの新型車やフルモデルチェンジに投資した。年に40億ドル以上の赤字を垂れ流していたフォード・ノースアメリカは、わずか3年で50億ドル以上の黒字を生み出すまでに様変わりした。

現在、一握りの有力企業が、きわめて重要な任務をオールスターチームに任せるモデルを構築している。

たとえばデルのオペレーティングモデルは、最優先の戦略事業を明らかにし、その成功に向けて経営陣の時間と同社のトップ人材を集中させるものだ。毎年、デルでは、期待できる最高の価値、喫緊の課題と機会をリストアップしたアジェンダを作成する。通常は15項目に満たない程度である。

その後、経営陣は、各課題に関わる事実やデータの検討、具体的な代替案の作成、各選択肢の評価、最終決定に取りかかる。続いて、経営幹部1人と、Aクラス社員をずらりと揃えたチームを編成し、デル経営陣がアジェンダの各課題に取り組む際の支援に当たる。この管理手法では、きわめて重要な課題に幹部を張り付け、同社にとって最も有望な機会を生かすためにオールスターチームを配置している。

オールスターチームの力を引き出す

効果的なオールスターチームづくりには、一か八かの不確かな面がある。多くの幹部が例として挙げるのが、スター社員同士がぶつかり合って、仕事が捗らないケースだ。

だが、条件が整えば、オールスターチームは並外れた成果をもたらす。では、どうすればオールスターチームに本来の実力を発揮してもらえるのか、その支援策を考えてみよう。

優れたリーダーシップを充てよ

最も重要な要素で、多くの企業が見過ごしているものがある。それは誰がチームのリーダーを務めるか、である。リーダー自身もＡクラス人材であることはもちろんだが、チームメンバーを上手になだめすかして彼らの能力を最大限に引き出す力量が求められる。イツァーク・パールマンやギル・シャハム、ユーリ・バシュメット、ヨーヨー・マなど世界の錚々たる演奏家を集めて室内管弦楽団をつくるとしたら、アマチュアの指揮者を連れてくるだろうか。

ビジネスの世界も同じだ。ＧＡＰもボーイングも、オールスターチームを指揮したのがディファレンスメーカーだったのはけっして偶然ではない。

したがって、チームリーダーの選定作業は、チームメンバーの選定作業と同じくらい時間をかける必要がある。また、チームが動き始めたら、早い段階で（頻繁に）リーダーに関するメンバーの声を集め、リーダーの交代を躊躇してはならないし、必要ならメンバーをリーダーに昇格させる措置があってもいい。

全米経済研究所は、２０１２年に大企業の現場の管理職を対象に実施した調査の結果、「最も効率的な体制は、いちばんいい社員をいちばんいい上司につけることだ」と結論づけている[6]。

この調査で、優秀な上司はいかなるチームでも生産性を改善できることがわかった。お粗末な上司ではなく、Ａクラスの上司（リーダーの資質に関して上位10％に入る上司）に平均的なチームを担当させると、チームの生産性を10％改善できる。

これは、９人編成のチームに新たにメンバー１人を追加するのと同じ効果だ。だが、このＡクラスの上司をオールスターチームの担当に据えると、チームの生産性はもっと高まる。「優れた上司は、落ちこぼれ組の社員の成果を高めることよりもスター社員の成果をずっと大きく高められる」と調査に当たった研究者らは述べている。戦力増幅効果があるため、オールスターチームの成果が平均的なチームよりもはるかに大きくなるのだ。

オールスターチーム自体が戦力増幅効果を持っているわけだが、そのオールスターチームに対して優秀な上司がさらに戦力増幅効果を発揮する[7]。

このようなリーダーシップ能力はどこにでもあるものではないし、オールスターチームを率いるのにふさわしいＡクラスのリーダーを探すのは容易ではない。最近わたしたちがコンサルティングを引き受けた企業のＣＥＯが次のように話してくれた。

「幸いにも、当社には重要な業務を担えるだけのＡクラスの人材が十分にいます。しかし、その足かせとなるのがリーダーシップです。こうしたチームを上手に切り盛りできるＡクラスのリーダーとなると9人しかいないのです」。

このCEOが打ち出した解決策はこうだ。9つのオールスターチームをつくって、最優先の任務に当たらせる。任務を達成したチームには、優先課題リストの次の任務に移ってもらう。

この9つのチームは、普通のチームに比べてはるかに生産性が高いため、上・中・下の社員をバランスよく集めたチームが束となって取りかかる場合よりも迅速に優先課題を次々に処理できるというわけだ。

能動的にさらなる価値を出しにいく人材、「エクストラ・マイラー」を活用せよ

どの組織にも、与えられた職務の範囲にとどまらず、期待以上の仕事をする社員がいるものだ。

英語では、1マイル余計に進む人という意味で「エクストラ・マイラー」と呼ぶ。

こうしたエクストラ・マイラーは、重要なプロジェクトなどを成功に導くために、自身の職務範囲を超えてでも当事者意識を持って献身的に自らの時間とエネルギーを投じる。

このように期待以上の仕事をするタイプの社員は、チームで働く際に重要な役割を果たしてくれる。チームのメンバー同士を積極的につなぐ接着剤となって、情報の周知と効果的な協力体制の維持に一役買うのである。

アイオワ大学の李寧教授らの調査によれば、エクストラ・マイラー1人だけで、他のチームメンバーを合わせた場合よりもチームの生産性を高める効果があるという[8]。

このエクストラ・マイラーを見つけ出し、オールスターチームに組み込むと、チームメンバー同士を結びつける役割を担ってくれる。

そしてオールスターチームのメンバーがもっと大きな成果を上げられるようアシスト役を務めるのだ。どんな優秀なチームでも、メンバーがベストコンディションで力を発揮できるように下支えするエクストラ・マイラーが必要なのである。

適正なインセンティブ（報奨制度）を用意し、阻害要因を排除せよ

オールスターチームに依存する企業は、各個人の業績だけでなく、チーム全体の業績をしっかりと記録し、成果に報いる必要がある。

ところが、企業の人事評価方式のなかには、チームの成功を妨げるものもある。その一例としてマイクロソフトの例を見てみよう。ソフトウェア業界の巨人として君臨してきた同社では、社員を5段階に分けて評価する「スタック・ランキング制度」という人事評価制度を長年にわたって採用してきた。

まず一定の割合で「最優秀」「優秀」「平均」「平均以下」「成績不振」の5段階のランクを設

定し、チームごとにメンバーをこのいずれかのランクに強制的に分類する。こうした強制的なランキング制度は条件によっては効果を発揮するが、マイクロソフトの場合は思わぬ弊害を生んでしまった。

関係者の話をまとめると、時間の経過とともに、このスタック・ランキング制度は、社員が競合他社と張り合うのではなく、社員同士が張り合う企業体質をもたらしたという。最優秀に分類された社員が、他のAクラス社員と一緒のグループになりたいと思うことはめったになかった。チーム内でいちばんダメな社員と見られたくないからだ。

聞くところによれば、マイクロソフトのAクラス社員には、BクラスやCクラスの社員を嗅ぎ分ける能力があり、進んでこういう社員と一緒のチームを組み、スタック・ランキングの最上位として評価される可能性を高めようとしたという[9]。

充実したサポート体制を整えよ

オールスターチームがベストを尽くすためには、やはりオールスターで固めたサポートスタッフが必要だ。とてつもなく才能のある人々は、学ぶところが多い優秀な人と働いたことがあまりないのだ。

わたしたちの経験では、こうした人々のほとんどがそのような機会を歓迎し、できる限りの努力をしようとするものだ。一方、チームメンバーにとっても、優秀な部下がいれば、もっと大きな成果を上げられる。

というのも、優秀な業務アシスタントなら、あれこれ細かく指示を与えなくてもいいし、多くの定型業務をテキパキとこなしてくれるため、チームメンバーは本来の業務にベストを尽くすことができるのである。

個人の我の強さを打ち消すくらい大きなゴールを指し示せ

メンバーの我の強さが出ると、チームとして成果を出すうえで支障となりかねないが、必ずしもそうなるわけではない。

1992年、NBAのスター選手たちを集めた米国初の「ドリームチーム」がバルセロナ・オリンピックを席巻し、平均して44点の得点差で対戦相手を次々に圧倒した。

こうした才能あるスター選手はときとして我の強さも半端ではないのだが、オリンピックで栄誉ある米国代表として戦うというゴールが、選手のエゴを押さえ込んだからこそ、勝利を手にすることができたのだ。

ここにも、ビジネスに通ずる明らかな教訓がある。オールスターチームをすべての任務に割り当てていくわけにはいかない。Aクラス人材はそれほど豊富にいないからだ。

そこでこうしたチームは本当に重要な任務に回し、メンバーにはその任務がいかに重要かを周知徹底することが大切だ。

ＧＡＰでもボーイングでもスペースＸでも、こうしたチームは、会社の将来を左右するような任務を担当していた。優秀な人材が協力して生産性を発揮する体制を整えたいのであれば、メンバーのやる気を引き出し、その任務がきわめて重要であることを理解させる必要がある。実際、集合知ならぬ〝集合エゴ〟が個々の社員のエゴを上回るようにするのだ。

トップとの差ではなく、チーム共通の評価に光を当てる

オールスターチームに任せるうえで１つ危惧すべき点がある。それは、トップ社員が高額の報酬を獲得する結果、その他の社員は自分が過小評価されているのではないかと感じる一種のスターだけをひきたてるシステムになってしまうことである。

組織は、トップ社員だけでなく、そこに集うすべての社員が支えているのであって、他の社員の姿勢次第ではオールスターのプラス効果が削がれることにもなりかねない。その改善策は、Ａクラスのチームがもたらした業績を全員で享受する体制を整えることだ。

映画『オーシャンズ11』はジョージ・クルーニーをはじめ、豪華俳優を揃えたオールスターキャスト作品で、出演者もスタッフもお互いの成功を楽しむ環境をつくり出した。

報道によれば、ほとんどのスタッフがこの体験に満足感を覚え、続編の『オーシャンズ12』『オーシャンズ13』の製作にも引き続き参加する意向を示したという。

Bクラス以下の社員の貢献意欲を維持する手段として、任務の重要度を問わず成果をきちんと評価する、スター社員にもそうでない社員にも共通の成果評価制度を導入する、全員で享受できる共通の報酬を用意する、などが考えられる。

この手法については、第4章と第6章でじっくり紹介している。

生産性の高いチームワークを奨励する

社内のすべてのチームをオールスターチームにするわけにはいかない。ずば抜けた能力の人材が簡単に確保できるわけではないから、企業が編成・配置できるオールスターチームの数には常に限界がある。おのずと多くのチームにはBクラス、Cクラスの社員も含めざるを得ない。

このような普通のチームの生産性をなるべく高める方法については、数え切れないほどの書籍や記事が出回っているので、本書ではあえてそうした処方箋を事細かに繰り返すことはしない。もっとも、オールスターチームで学んだ教訓は他のチームにも通じるはずだ。

たとえば、どのチームにも、定評ある有能なリーダーが必要である。そして、どのチームにも、しかるべきサポートと適切なインセンティブが欠かせない。

最後に1つ注意点を挙げておきたい。

最近、ビジネスの世界では「協業《コラボレーション》」という言葉がすっかり流行り言葉になっている。いわく、同僚とのコミュニケーションを密にし、組織の垣根を越えて働き、〝不特定多数の人々の知恵〟を活用するといった具合だ。その多くは傾聴に値するアドバイスである。

だが、協業とチームワークに関して言えば、多ければいいというものでもないのだ。

『ハーバード・ビジネス・レビュー』が2016年に掲載した調査によれば、協業に費やした時間はここ数年で50％以上も跳ね上がっているという。

しかし、この時間の増加分すべてが最終的な成果につながっているわけではない。本書の最初のほうで明らかにしたように、むしろ増えた時間の多くは必要のない会議やメールなどに無駄に使われているのだ。

さらに、付加価値をもたらす協業、つまり個人やチームの大きな目的を実際に促進するような協業は、ごく限られた社員に集中している。企業300社を対象にした調査の結果、ほとんどの場合、付加価値のある協業の20～35％はわずか3～5％の社員によって生み出されていることがわかった。

このような社員に対するニーズが高まれば、協業の負担過剰状態に突入し、ひいては離職率の上昇を招き、皮肉にも付加価値を生む協業が時間の経過とともに減少するのだ。

同時に、ジョージタウン大学のカル・ニューポートの言う「ディープワーク」（深く集中した状態での活動）が妨げられる。実際、人々はチームでの活動に膨大な時間を取られるため、誰からも邪魔されずに重要な作業に専念する時間が持てずにいるのだ。

そこで本書の精神に照らしてチームづくりを考えてみよう。編成したすべてのチームは本当に必要なのだろうか。期待するメリットよりもコストのほうが高くついていることはないだろうか。

オールスターチームなら、期待どおりの成果、いやそれをも上回る成果をもたらしてくれる可能性が高い。優秀な人材、つまりディファレンスメーカーを採用すれば、企業は大企業病の影響を克服する道が開かれる。そのような優秀な人材を集めてオールスターチームを編成すれば、その開かれた道を大きく進むことが可能だ。オールスターチームの能力は他のチームに比べて圧倒的に高いからだ。

このオールスターチームの力を上手に引き出すことができれば、会社の命運を握るような重要なプロジェクトに取り組み、企業の生き残りと繁栄を後押ししてくれる。

そろそろ本書のパート3に移るときが来た。パート3では、社員の当事者意識、やる気、社風といった組織全体の課題を取り上げる。

【まとめ】オールスターチームの編成・育成の3つのポイント

1 最も優秀な人材でチームを編成せよ。Aクラス社員のチームは、混成チームよりも短時間で質の高い仕事をこなすことができる。戦力増幅効果があるからだ。

2 オールスターチームには組織の最重要課題を担当させよ。すべての任務に割り当てられるほどAクラス社員が潤沢にいるわけではない以上、オールスターチームは、会社の命運を握るようなきわめて重要な任務に専念させる必要がある。

3 オールスターチームのマネジメントは慎重に。オールスターチームには優秀なリーダーと手厚いサポートが欠かせない。また、しかるべきインセンティブを用意し、個人のエゴがチームでの働きを阻害しないよう手を打つ必要がある。

PART 3

ENERGY

「意欲」

「会社はわたしたちそのものです。つまり、わたし自身であり、また10万人の仲間たちなのです。わたしたちが自分のやりたいことに気づいて心躍らせ、やる気を出し、前に進み、学び、自分たちよりも優れた人材を集めていれば、この会社はそういう方向に動き出すのです。そして会社は進化し、成長していくのです」

——ABインベブ CEO
カルロス・ブリト

レンタカーを洗車する人はいない。

自分が持ち主だとか当事者だという意識、言い換えれば本当のつながりがない限り、わざわざ余計なエネルギーを使おうとは思わない。

ビジネスでも同じことが言える。与えられている仕事に関して、社員が当事者意識を持てず、まして奮起させられることもなければ、職場や顧客に対して、あるいは自分自身の成功に向けて、わざわざ自発的に意欲を発揮しようとは思わないはずだ。

パート3では、業績を左右する第3の要素を取り上げる。第1章では、わたしたちが実施した調査に基づく生産力指数について触れたが、その調査によれば、じつは組織の意欲が最も影響力の大きい要素であり、平均的な企業の場合、生産力指数を24ポイントも上昇させる力があるのだ。

意欲はかたちのあるものではないが、見ればわかるものだ。当事者意識のある社員は、毎日職場で使命感や熱意を発揮し、自分の職務に意欲を振り向けている。なかには、企業文化自体が意欲を引き出しているような企業もある。

意欲が旺盛な企業は、驚くような成果を達成できる（「働きがいのある企業」のランキングに名を連ねる企業はほとんどが他の企業に比べて財務成績もずば抜けていい）。当事者意識と強力な企業文化は、時間と人材という2つの希少な経営資源がもたらす効果を何倍にも増幅するのである。

そうなると、本来の力量を超える仕事に挑み、少ない力で大きな結果を出すことができるのだ。

第6章では、ほとんどの企業にとって手に負えない問題とされている当事者意識を取り上げる。

わたしたちの調査によると、平均的な企業では、当事者意識を引き出せている社員の割合はせいぜい3分の1程度にとどまり、1割近くの社員ははっきりと不満を抱いている。当事者意識と生産性に相関関係があることは想定していたが、意外な発見が2つあった。

まず、その戦力増幅効果の大きさである。当事者意識があると、本当に大きな違いを生むのである。もう1つは、社員のやる気というかたちで表れる効果の大きさである。

アンケートによれば、やる気に溢れる社員は、当事者意識のある社員よりも90％以上生産性が高く、単に満足感を覚えている社員の2倍以上生産性が高い。

第7章は、企業文化について吟味する。優れた企業文化は社員の意欲を生み出すが、企業体質が悪ければ逆に意欲を削いでしまう。

新しい仕事に就いたときや新しい任務を与えられたときの気持ちを思い出してみよう。きっとできるという楽観的な思いに満ちていたはずだ。社員のキャリア全体を通じて、こうした気合いや意気込みを上手に維持させている企業もある。

毎日、新しい課題や機会があり、他の有能な社員に混じって取り組んでいるうちに意欲が高まり、自分が思っていた以上の成果を成し遂げるというわけだ。だが悲しいかな、そうでない企業では、新人のときに抱いていた意気込みは何週間かすると消え失せてしまう。

第7章では、社員の意欲を引き出して驚くべき成果を達成させる優良企業の企業文化に着目し、読者が同じような企業文化を醸成する方法を紹介したい。

社員のやる気を奮い立たせる

「社員のやる気を見るのに、あれこれ凝った調査は必要ありません。駐車場を見ればいいのです」。

以前、あるクライアントがこんなことを言っていた。

わたしたちがよほど腑に落ちない顔をしていたのだろう。彼が説明を始めた。

「朝始業後に会社の駐車場を歩いてみるといいですよ。駐車スペースにバックで停めている車の数を数えてみてください。バックで駐車するほうが時間はかかりますが、退社時にはさっと出られます。そういう社員は、おそらく勤務中に終業時刻をいまや遅しと待っているタイプでしょう。犯人が事件現場からすぐに離れられるように逃走用の車を用意しているようなものですよ」。

それを言うなら、社員が毎日の仕事に情熱を持てないような組織をつくってしまったことのほうが罪である。おそらくはこういう社員は自分の会社に愛着心があるとか、自分のキャリアアップを図りたいなどと思うどころか、給料が出るまで会社に人質にとられている気分なのだ。ベインとエコノミスト・インテリジェンス・ユニットが実施した合同調査で12の業界の企業300社以上を対象に社員の当事者意識を調査した。

図表6-1のデータは、世界の企業における当事者意識の状況を示したものだが、見てのとおり、お寒い限りだ。なるほど社員は終業ベルと同時に家路を急ぎたくなるわけだ。

これほど当事者意識が低い理由は想像に難くない。いまどきの組織は複雑で、多くの場合、会社は死ぬほど退屈な場になってしまっている。そんなところにいても主体性が芽生えることはまずない。仕事は機械的で型どおりの退屈な反復作業。しかも、上司には逐一監視され、どうでもいいような子細なことまで指図される。

企業は、社員の仕事がいかに組織の大きな目的とつながっているかわからせようと躍起になっているが、日々の業務が単調で味気ないせいで、こうした会社側の狙いがかえって腹黒く映ったり、心に響かなかったりするのだ。

多くの社員は、いまの仕事に学びや成長の機会はないと思い込んでいる。また、同僚や所属チームからの断絶感もあり、日常業務のなかでの他の社員とのやり取りは、実りある協業とい

図表6-1

どの業界でも社員の当事者意識を引き出せるかどうかが悩みの種

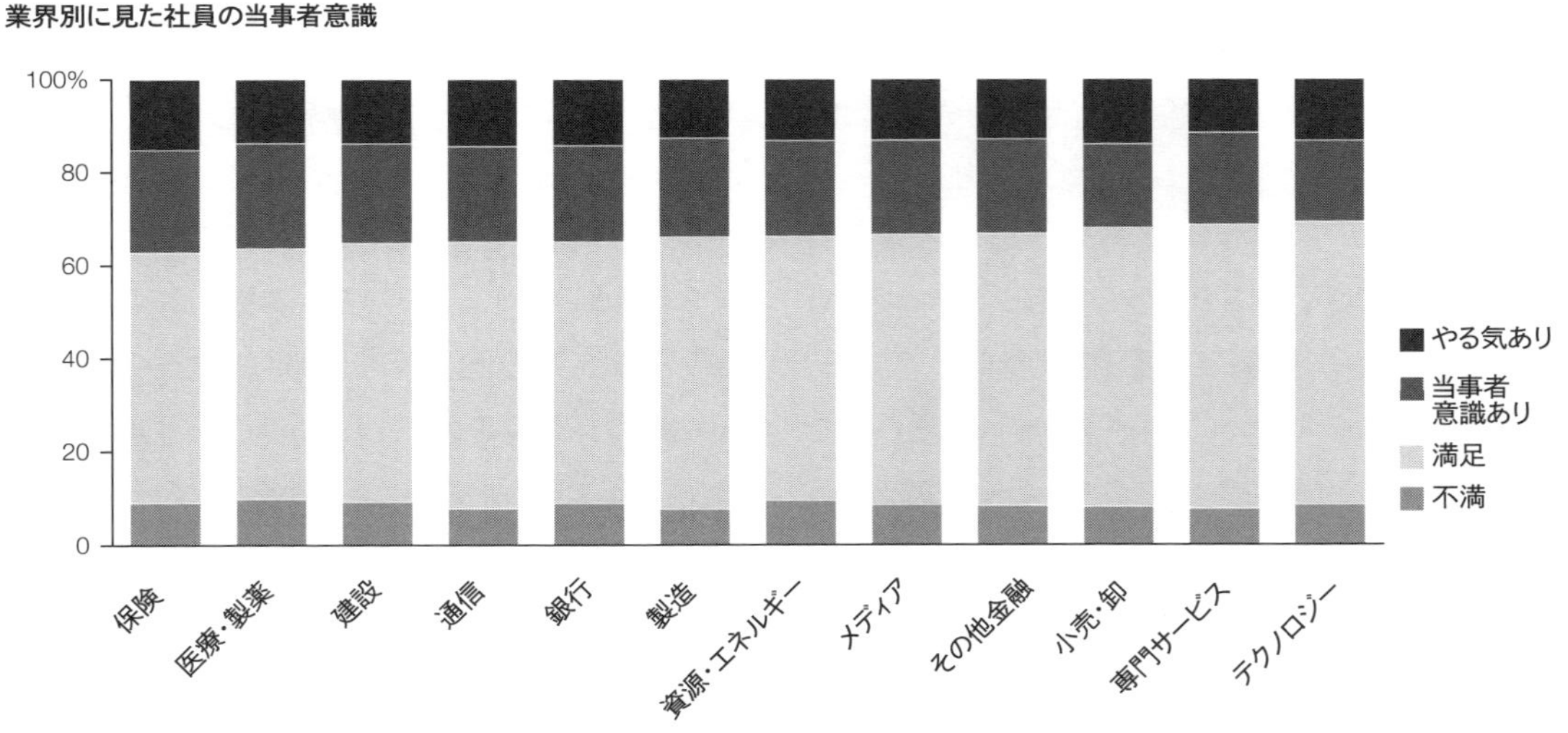

出所：ベイン／EIU合同調査（N = 308）

うよりも、ただの取引のようになっている。

意欲喪失の代償は大きい。このような環境に身を置く社員が主体的に意欲を発揮することはまずない。いや、あるほうがおかしいだろう。だから生産性が損なわれるのだ。

また、企業側の視点に立ったとしても、細かいところまでいちいち口を挟むマイクロマネジメントは逆効果である。コストも時間もかかる。そのうえ、事細かく社員を管理するようなやり方で、社員が素晴らしいアイデアを出してくれたり、顧客のために積極的にもうひと頑張りしてくれたりするだろうか。あるいは献身的に同僚と協力して仕事を進めるようになったとか、刻々と変わる市場に迅速に対応するようになったという話も聞いたことがない。

とはいえ、こういうスキルは、ほとんどの企業が社員に求めていることもたしかだ。だからこそ、多くの企業が社員の当事者意識を高めようと試行錯誤している。報酬やインセンティブ、手当、社員アンケートなどの意見の吸い上げ、研修プログラム、研修旅行など、人事関連のありとあらゆる施策を次々に打ち出しているのだ。

だが、通常、このような手を打ったところで、当事者意識の向上にはほとんど効果がない。そもそも効果があるなら、当事者意識の調査であれほど低い数値がそう何年も続くわけがないのだ。では、いったい何が足りないというのか。

わたしたちは、意欲の高い組織と意欲の低い組織の両方に関わってきたが、そのたびにあるシンプルな教訓に気づかされた。

本章ではこの教訓を深く掘り下げていきたい。企業としての志があまりにも低いのだ。企業に意欲をもたらすのは、単に当事者意識を持っている社員ではなく、さらにその上の与えられた仕事や所属組織に触発されてやる気に満ち溢れている社員なのだ。

わたしたちの調査結果が示しているように、やる気溢れる社員はそれだけで、平均的な社員よりもはるかに生産性が高く、当事者意識のある社員にも勝る。こうした社員がディファレンスメーカーになるのだ。

やる気というのは、人から人へと〝伝染〟するため、周囲の人々を巻き込んでさらに高い次元に持っていこうとする。

ある専門家によると、「仕事で壁に突き当たったとき、ただ満足しているだけの社員は会議を開いてこの障害への対応策を話し合う。一方、当事者意識のある社員は、壁をよじ登るためのはしごを探し始める。そしてやる気溢れる社員はこの壁をぶち壊そうと考えるのだそうだ。

たしかに人それぞれだ。社員全員がやる気を出しているとは限らないが、目標を高く掲げれば、つまり会社としては、なるべく多くの社員を奮起させ、やる気を引き出すような会社をつくるという目標を掲げれば、多くの社員の心をつかめるはずだ。かなりの社員に少なくとも当事者意識を持ってもらえる可能性が高い。

この当事者意識のある社員とやる気溢れる社員の違いは、わたしたちの調査や他機関による調査ではっきり浮かび上がっている。通常、社員が仕事に対して当事者意識を持つようになる過程として、次の3つがある。

まず仕事の中身そのものに愛着を感じているケースだ。次に、他の社員（上司や同僚）との関係性によって当事者意識を持つケース。そして、会社の目標に共感しているケースだ（これについては次の章で詳しく取り上げたい）。

社員が少なくともこのいずれかに当てはまれば当事者意識を持つに至るが、真にやる気溢れる社員はこの3つのすべてに当てはまる。

たとえば、仕事に関して本当にやる気溢れる社員になるためには、仕事の内容が好きなだけでは足りないし、経営者・上司や同僚に好意を持っているだけでも十分ではない。

本当に素晴らしい職場は、この3つの面で社員をやる気にさせている。会社の目標を、社員の仕事の中身に落とし込み、部下を奮起させられる上司を育成し、各社員が自分の潜在能力をフルに発揮できる優秀なチームを育て上げているのである。

当然、生産力へのインパクトは非常に大きい。わたしたちの調査で、やる気溢れる社員の生産性について経営幹部に尋ねたところ、やる気溢れる社員は、単に満足している社員と比べて2倍以上の生産性を発揮するという。この推測は、わたしたちがこれまでにコンサルティングを請け負ってきた企業の実態とも一致する。

たとえばデルでは、長年にわたって社員の満足度と当事者意識を追跡調査している。2014年以降、デルの人事担当上級副社長スティーブ・プライスの指揮の下、人事部門が同社の社員満足度調査「Tell Dell」に修正を加え、社員(やチーム)のやる気をきめ細かく測定できるようにした。

結果は示唆に富んでいた。デルの経営陣や職務内容に刺激されて、やる気溢れる社員は、単に満足感を覚えている社員に比べて、デル製品を家族や友人に推奨する可能性が30%高いことがわかった。

また、職場としてデルを薦める可能性は3倍高く、また彼らが会社に紹介した人材も、採用率・定着率は2倍近く高い。こうしたやる気溢れる社員がデルを辞めて転職する可能性は他の社員に比べて半分だ。

社員のやる気がもたらす効果は、会社の製品やサービス、人材採用の後押しにとどまらない。たとえば、2つの直販チームのうち、1つは、部下のやる気を鼓舞することで定評ある上司が率いていて、もう1つのチームは、部下を奮起させるのが下手な上司が率いている。売上は前者のほうが平均して6%上回っていた。

仮にこの6%という数字が全社的に一律であるとすれば、部下を奮起させられない上司を訓練して、奮起させる上司に育て上げることができれば、同社は毎年10億ドルも売り上げを上乗せできることになるのだ。

社員を奮起させる具体的なテクニックについては、行動心理学の専門家やビジネススクールの教授、コンサルタントなどの手で膨大な研究成果が発表されている。これだけで大きな分野になってしまうため、あえて本書で取り上げることはしない。

むしろ本書では、経営幹部向けの実践的な処方箋として、いくつかの簡単なアイデアで社員を奮起させるための効果的なステップを紹介しておこう。

社員のやる気を奮い立たせることに長けている会社は、まず人間性溢れる理念を確立することから始めている。そして、オペレーティングモデルや人事制度、社員の心をつかむ魅力、仕事の進め方などの面で、この理念を実践に反映する仕組みをつくっている。また、いちばん重要な要素と考えられる社員の自主性も育んでいる。

ただ、多くの企業は社員の自律性を削いでいる。というのも、企業は、反復性や拡張性など、組織全体としてのゴールに（当然のことながら）関心が向いているのが普通だからだ。だが、この2つの目的のバランスをとることは不可能ではない。部下のやる気を鼓舞する上司が育成されればいいのだ。

こうした人材が築き上げる組織は、業績もよく、社員もやる気に溢れている。次の章では、業績とやる気が生み出す好循環について取り上げる。この好循環の第一歩は、やる気を奮い立たせるリーダーの存在だ。ということは、好循環のきっかけは、すべての経営幹部の手の届くところにあるのだ。

社員が積極的に仕事をしたいと思える環境づくりの際、常に忘れてはならないのが、この基本だ。そのような環境それ自体が、最高のリクルーターであり、最高のつなぎ留め策でもあり、当事者意識を引き出す近道でもある。

社員は新たに採用されたような新鮮な気分を毎日味わえるだけでなく、自分の仕事に深い愛着を持つ理由がそこにはあるのだ。では、先に述べた3つのステップを詳しく見ていこう。

1 人間性溢れる理念を策定・導入する

自分が仕事をするなら、どんな環境がいいか――。

取っ掛かりとして、こんなことを自問自答してみるといい。

おそらく答えを出す前に、まず自分が所属するグループや自分自身に与えられた使命を知りたいと思うだろう。

そしてその使命が会社の目的とどういうつながりがあるのかも知りたいだろう。また、社員が日々の仕事を進めるうえで妨げとなるような大企業病は何としても取り除きたいのではないか。

わたしたちが話を聞いた経営陣の多くも自分たちの組織に関して、いろいろな夢を抱いている。

「優秀な人材を集めたチームをつくりたい」

「こうしたチームには使命を遂行するうえで大きな自律性を与えたい」

「社員が自分の夢や能力に応じて行けるところまで成長できるような職場をつくりたい」

自分の能力をとことんきわめようとする社員もいれば、与えられた職務を淡々とこなし、日々向上できれば御の字と思うだけの社員もいることは、経営幹部も承知している。それでも、社員全員に組織の一員であるという帰属意識を持ち、組織のゴールに共感してほしいと願っているのだ。

このような職場環境はけっして架空の世界の話ではない。グーグルやネットフリックス、スポティファイ、エアビーアンドビー、テスラ、スペースXなど、ここ20〜30年の間に誕生した〝ミレニアル〟企業の多くで実際に目にすることができる。

そのほとんどは、デジタル技術をふんだんに生かしたビジネスモデルを採用している。そして多くの場合、創業者が陣頭指揮に当たっていて、ベインのクリス・ズックとジェームズ・アレンが「創業メンタリティ」と呼ぶ特徴が見られる。また、大胆な目標を掲げることで社員の当事者意識を引き出すことにも成功している。いったいどのように実現しているのだろうか。

●違いを出すことに注力する

こうした企業は結果重視だ。旧約聖書で巨人戦士ゴリアテに戦いを挑むダビデのような勇ましさがあり、それが激しい競争力の源泉になっている。ビジネスの成功という観点のみでなく、顧客の暮らしや社会に対する影響という観点からも会社のゴールを語る。

たとえばデルは、「10億人に教育の機会を。デルの力で医師に情報を提供して、新たに10億人に充実した医療を」と経営陣は強調している。このような大きなゴールが社員のモチベーションを高め、期待以上の成果を成し遂げるのだ。

●信頼を前提にする

社員には、社内あるいは会社の枠を超えて、熱中できるものを追求する自由が与えられている。

●リスクを取ることを恐れない

失敗の可能性を計算したうえでリスクを取ることを奨励し、何かを判断するときは事実とデータを重視する。仮説を検証しながら、必要があれば、比較的柔軟に軌道を修正する。

●管理者個人よりもチームに権限委譲する

管理者に権限を持たせすぎる企業は、個々の社員の自律性やチームの力を蝕む傾向がある。だが、優れた企業はそのようなミスを犯さない。なかには過剰なくらいの自律性を確保している企業もある。たとえば、靴などアパレル通販大手のザッポスは「ホラクラシー」（ヒエラルキーがまったく存在しない完全フラットな組織管理）なるコンセプトを掲げている。このホラクラシーは、ヒエラルキーに対する概念で、従来の階層型管理体制を根底から覆す考え方ゆえに、わたしたちはまだ懐疑的だ。だが、ヒエラルキーと自律型チームの共存は不可能ではない。

たとえばグーグルは管理スパン（上長1人が管理できる部下の人数）を非常に広く取っているため、マネージャーは部下の行動に細かく口を出している暇はない。

●企業文化やビジネス習慣に指針はあってもルールはない

ルール主体の企業文化が効果を発揮できるかどうかは、ルールに組み込むビジネスロジック次第である。だが、優れた企業が事業展開する市場は変化が激しく、そのたびにルールを何度も更新して実施するなど事実上不可能である。

一方、行動指針を主体とする企業文化は臨機応変で、新しい条件にもリアルタイムに適応できる。このため、まるで風紀委員が採点表を片手に目を光らせるようなかたちではなく、仕事の進め方の指針となる行動の枠組みを定めようと考えるのだ。

野心溢れる若い社員が揃っている上り調子の企業だからこそ、権限委譲の進んだ社員主体の労働環境も容易につくることが可能なのだという指摘もあるだろう。だが、どんな組織でも、労働力を費用と捉えるのではなく、資産と捉えることはできるはずだ。

損益計算書と貸借対照表（バランスシート）の違いを考えてみよう。損益計算書では「人件費」の項目があることからもわかるように、労働は経費とみなされており、経費は少ないほうがいいという発想になる。

一方、バランスシートでは社員は人的資本という資産として捉えられるため、この資産価値を最大化することが目標となる。この違いについて多くの企業が口先だけは賛同しているが、バランスシート上の人的資本の価値を最大化できるような労働環境を構築する企業はまずない。

マサチューセッツ工科大学（MIT）スローン経営学大学のジーネップ・トンは著書『The Good Jobs Strategy』のなかで、このバランスシート的な発想法がもたらす効能について、かなり詳細に解説している[1]。

トンは、サービス業としては給与水準の低い職が多い食品小売業界にあって、クイックトリップやトレーダー・ジョーズ、コストコ、スペイン系のメルカドーナといった企業を取り上げ、いずれも卓越した業務オペレーションと、社員をコストではなく資産として扱う待遇の2本柱に支えられた素晴らしいビジネスモデルだと評価している。

いま見てきたような急成長のミレニアル企業やしっかりと地に足のついた食品小売企業はいずれも、社員を巻き込んでいく際に、社員を大人として扱い、仕事の意義を見出そうとしている人間として扱い、信頼に足る人物として扱い、口うるさく監督しなくても自分で仕事をこなせる社員として扱うという、非常に重要な理念を実践している。これは、やる気と当事者意識を引き出すための土台となる理念と言えるだろう。

組織への落とし込み——当事者意識を高める取り組みはヒエラルキーに沿って実行する

モチベーションに関する企業の理念は、さまざまな要素を勘案してかたちづくられてゆく。これは、社員にとって企業の魅力に直結してくる。

また、オペレーティングモデル、労働環境、協業の仕方も左右する。実際、理念を重要視する企業は、社員の当事者意識ややる気の度合いを左右するすべての要素をしっかりと考慮している。

こうした要素を吟味する前に、前提条件がある。配置された職務が自分に合っていないと感じている社員は、会社がどう働きかけようが、当事者意識もやる気も絶対に発揮しないということだ。

そこで、何をさしおいても、適材適所を実現できる効果的な採用・配置制度を確立することが大切だ。要は、ディファレンスメーカーが最大の違いを生み出せるような制度にしなければならない。

当事者意識を考える際、「満足している状態」から「やる気に溢れている状態」までの階層構造で捉えるとわかりやすい。

これをわたしたちは「社員のニーズのピラミッド」と呼んでいる（図表6-2参照）。いちばん下のレベルにあるのは、基本的な満足度を得るうえで必要な条件である。社員の基本的なニー

図表6-2

社員のニーズのピラミッド

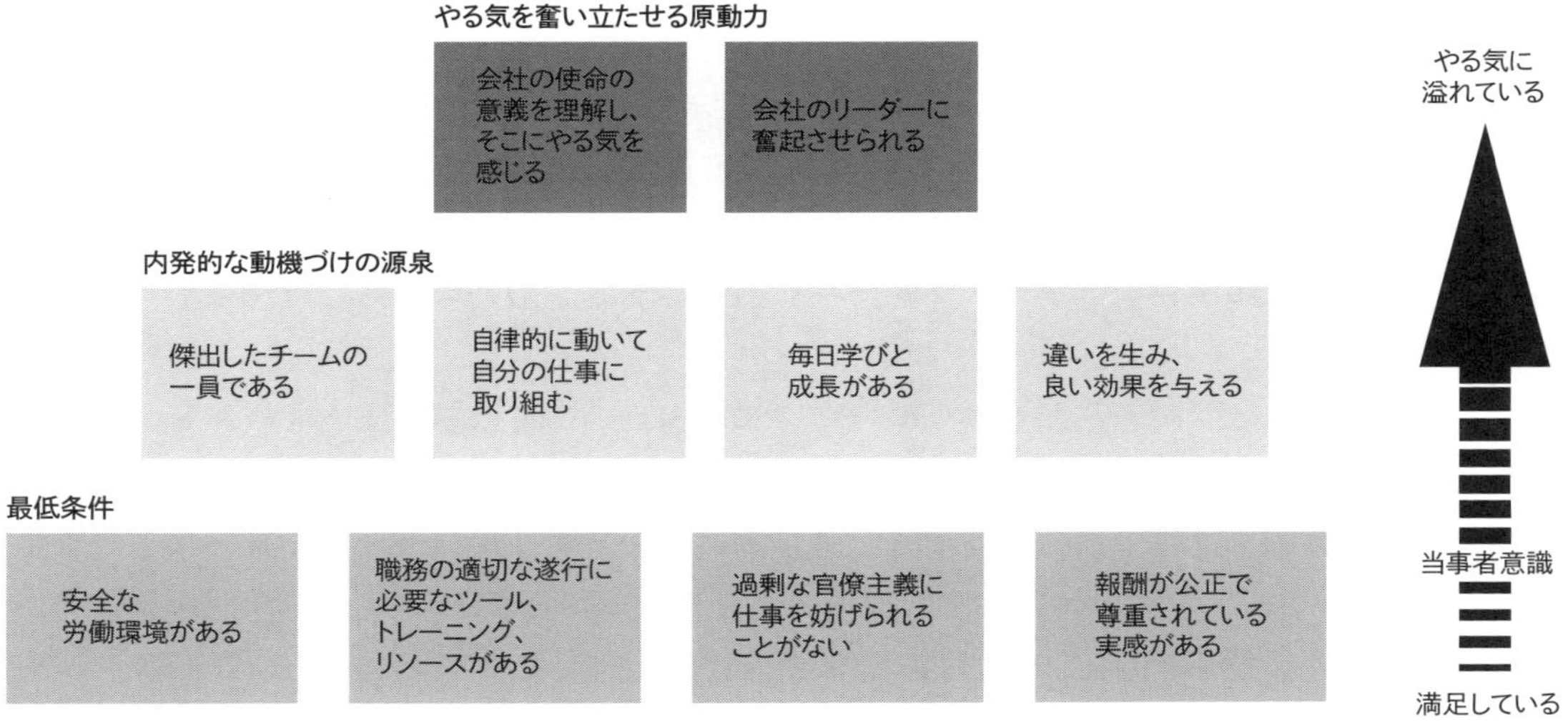
やる気を奮い立たせる原動力
会社の使命の意義を理解し、そこにやる気を感じる
会社のリーダーに奮起させられる
内発的な動機づけの源泉
傑出したチームの一員である
自律的に動いて自分の仕事に取り組む
毎日学びと成長がある
違いを生み、良い効果を与える
最低条件
安全な労働環境がある
職務の適切な遂行に必要なツール、トレーニング、リソースがある
過剰な官僚主義に仕事を妨げられることがない
報酬が公正で尊重されている実感がある
やる気に溢れている
当事者意識
満足している

出所：ベイン・アンド・カンパニー

ズが満たされない限り、職務に従事してもらえない以上、これは必須条件である。

具体的には、「社員に物理的にも心理的にも安全な労働環境が提供されている」「職務の適切な遂行に必要なツール、トレーニング、リソースが提供されている」「過剰な官僚主義に仕事を妨げられることがない」「報酬が公正で、自分が尊重されている実感がある」といった点だ。

こうしたニーズを満たす企業であれば、社員は職務や業務内容に比較的満足しているといえる。完全な当事者意識は抱いていないため、もっと有利な機会があれば転職してしまう可能性はあるが、少なくとも出社時に（夕方さっさと帰れるように）駐車場に車をバックで停めるほどではない。

ピラミッドの次のレベルは、深い当事者意識が芽生えるきっかけとなる要素が並んでいる。このレベルになると、社員の一部が自発的に意欲を発揮し始め、企業側は個々の社員やチームが大きな使命を達成できるよう権限委譲に踏み切る。このレベルの要素は、社員の内発的動機づけ（賞罰などと無関係に、自分自身の関心・好奇心から湧き出るモチベーション）と高い相関が見られる。

ダニエル・ピンクは、著書『モチベーション3・0』のなかで、モチベーションを生む3つの要素として、自律性、熟達、目的を挙げている[2]。

個人としての社員、優秀なチームの一員としての社員の両面で、適切なレベルの自律性と仕事に熟達する機会を社員に与えている企業では、社員の生産性が飛躍的に高まる。仕事の中身などについて、このレベルの当事者意識を持った社員は、毎日熱意を持って職場に現れ、新しい任務や課題に積極的に取り組むようになる。

ピラミッドの最上段では、最高次元のやる気が加わる。つまり奮起した状態だ。この域に達すると、当事者意識が周囲に次々に伝染するようになる。社員が個人的にやる気を出すだけでなく、その熱意や行動が周囲のやる気をも引き出すのだ。

このレベルの社員は、会社の熱心な代弁者になる。会社を信じ、会社の成功に貢献したい思いから、並外れたことを成し遂げる。

いま挙げた各階層は、はっきりと切れ目があるわけではなく、連続的につながっている点に注意してほしい。

ご存知のとおり、心理学者のアブラハム・マズローが、人間は基本的欲求が満たされない限り、高いレベルのゴールに関わろうとは思わないと述べている。

いま紹介したピラミッドは、マズローが提唱する欲求の階層構造のビジネス版だ。このことからもわかるように、安全で効率的な労働環境と公正な報酬を確実に提供する措置が講じられない限り、社員はやる気を出すどころか、当事者意識を持って取り組むことさえできないのである。

経営側がこのような措置を講じないまま、当事者意識を引き出すためのプログラムを実施したところで、社員には、また1つ面倒な仕事が増えたと受け止められるだけである。あるいは、すでに酷使されている社員からさらに何時間も時間を奪おうとするたちの悪い企画と受け止められるのがオチだ。

社員のやる気を引き出そうとして、このような逆効果になることも少なくない。会社の日々の現実に根を下ろしていない仰々しい行動指針を掲げても、社員にはしらじらしく聞こえるだけである。

当事者意識を引き出す際に重要な鍵がある。それは、社員が自分の職務・使命と会社の目的がどうつながっているのか理解できるよう務めることだ。これは特にサービス業で効果絶大だ。現場の社員と顧客の関係がはっきりとわかれば、顔の見えない抽象的な存在だった顧客を、血の通った人間として捉えられるようになり、社員には自分の仕事と会社の使命のつながりが見えてくる。

まさにこれを実践したのが、米百貨店チェーンのノードストロームだ。「働きがいのある会社」調査などを手がける調査機関、グレート・プレース・トゥ・ワーク・インスティテュートのジェニファー・ロビンは「信頼づくりへの道」と題した記事のなかで、ノードストロームの社員規則は「あらゆる状況で的確に判断せよ」という規則が1つあるだけと述べている。

だが、同時に同社は、単純明快な1つの目的として「わが社の最大のゴールは、卓越した顧客サービスを提供することです」と謳っている。

このゴールを設定することで、「意思決定の指針、評価の基準とともに、ノードストロームを業界リーダーに押し上げた顧客サービスの考え方」を表し、社員の理解促進につなげている。

また、同社は、社員に期待されている振る舞いとして具体的な指針を示しているという。元社員によると、それは次のような行動だ。

・ノードストロームの販売員が何かの方向を指差しで教えることは滅多にない。場所をたずねられたら、そこまで案内するからだ。

・販売員は、包装した購入商品をカウンター越しに顧客に渡すのではなく、カウンターの外まで出てきてから顧客に手渡すよう指導されている。

・販売員は、レジで購入品を精算する際、顧客が列に並んで待たなくてもいいように案内する。

・売り場に電話がかかってきたときには、通常、呼び出し音2回以内に応対するよう指導される[3]。

社員に期待されている内容の1つひとつは穏当なものだが、全体として見ると、競合他社が太刀打ちできないほどの感動体験を顧客は味わうことになる。

ノードストロームでは、社員が顧客第一の姿勢で自主性を持って行動できるように権限委譲を進めている。同時に、オペレーティングモデルと評価制度が相互に補完し合うよう設計している。

たとえば、トップレベルの業績を上げた社員で構成するエリート・ミリオンダラー・クラブをつくり、社員の功績を評価している。また、社員が中小企業のオーナーのように行動できるよう権限委譲を進めており、「得意先リストを利用し（中略）顧客との個人的関係を構築・強化し、自分がいいと思うかたちで顧客をケアする。言い換えれば、大企業のなかで自分だけの会社を経営する」[4]環境を整えている。

その結果、顧客サービスに関して信じられないような逸話が次々に生まれる会社としてすっかり有名になった。

たとえば、ビジネス紙『ジャクソンビル・ビジネス・ジャーナル』の報道によれば、ノードストローム・コネチカット店の清掃スタッフが駐車場で来店客のものらしきバッグを発見した。中に入っていたレシートとフライト旅程表から、店で買い物をした後、飛行機に乗るためにニューヨークのケネディ国際空港に直行した可能性が高いと判断する。店のデータベースから顧客の電話番号を突き止め、何度か電話をかけた。じつはそのときすでにこのスタッフはバッグを持って空港へと車を飛ばしていたのだ。

結局、この顧客は電話に出られなかったのだが、スタッフが空港に連絡を取って、この顧客を呼び出してもらい、「バッグを持って空港に向かっている」と伝えることができたという[5]。

2 社員の自律性と組織のニーズのバランスを追求する

変化の激しい現代の企業では、当事者意識とやる気を引き出すためにどのようなモデルを構築するにせよ、その中心にあるのは社員の自律性だ。

実際、どのような企業であろうと、当事者意識ややる気を引き出すうえで何よりも重要な要素が自律性だ。上司がいつも部下の後ろに立って、肩越しに仕事の様子をうかがっていたら、当事者意識が芽生えるだろうか。ましてやる気が奮い立たされるわけがない。

もっとも、自律性は諸刃の剣でもある。創造性や参加意識を刺激するが、その反面、自律性を野放しにすると、曖昧さや非効率につながりかねず、ひょっとすると組織に混乱をもたらす恐れもある。

適正なバランスを見つけるには、次の3つの課題に対処する必要がある。

自律性と責任のバランス

自律性と対をなすのは、結果に対する厳格な責任であり、またそのような結果を招いた行為や日ごろの行いに対する厳格な責任だ。

1960年代に「Freedom isn't Free」(自由はタダじゃない)というフォークソングが人気を博したが、まさにそのとおりなのだ。

そこで、企業としては、社員の行動を正しく導く戦略と目的を掲げる必要がある。そして、この戦略を実践に移す際には、測定可能な目標、ゴールまでの進捗状況の継続的な把握、活動内容を監督するフィードバック制度、ゴール達成の場合と失敗の場合の適切な評価や処遇を明確に定めておかなければならない。

むろん、わたしたちが挙げたような優良企業は、何でも簡単に測定できるわけではなく、また何でも測定すればいいわけでもないことを承知している。上司が頻繁に進捗状況をチェックしたり、行動に細かく口を出したりしていれば、効率を阻害し、士気をくじくこともわかっている。

だが、その一方で、こうした企業は、仕事の境界線をガラス張りにし、社員に期待する内容も明確に定めているのだ。だから社員やチームは、どこまでが自身の責任範囲で、どこに逸脱しないためのガードレールがあるかもわかっているのである。

また、社員は目的を理解し、ガードレールからはみ出さない範囲であれば目的の達成方法をかなり自由に決定できるようになっている。

企業が目的を明確化し、わたしたちの言う「高解像度戦略」を掲げれば、つまり、どこへ向かおうとしているのかを社員に明確に描いてみせれば、チームや個々の社員が主体的に働く際にさまざまな選択の指針となる羅針盤代わりになるのだ。

イノベーションの自由と型どおりのやり方のバランス

どの企業も、最初は起業家精神溢れるベンチャーとしてスタートしたはずだ。やがて会社が成長し、業界が成熟するのに伴い、経営陣はこれまでに培ってきた知見や、これまで地道に積み上げてきたスケールメリットを享受したいとの思いが強まる。

この移行がうまくマネージできていれば、ベストプラクティス（成功事例）や実績ある業務手順を厳格に守る仕組みが構築できる。ルールをつくりすぎることもなければ、組織内にあった起業家精神溢れる活気を削ぐこともないのだ。

マネジメントがまずければ、社員は規則どおりに働くだけで、イノベーションに取り組む気持ちは消え失せてしまう。

「一貫性」と「イノベーション」という2つの成果を適正なバランスで組織内のしかるべき場所にもたらすには、理論的な知識と職人技にも似た勘を上手に発揮しなければならない。

イノベーションのための自由が不可欠な分野は多い。たとえば新製品開発がそうだ。あるいは企業のバリューチェーンやビジネスモデルのなかでデジタル技術の活用で大きく刷新される部分もそうだ。こうした活動は、イノベーションのスピードが命。キーワードは自律性、小規模チーム、組織の機動性だ。

一方、他の分野は標準化したほうがメリットが大きい。常に一定の結果が求められる分野のほか、一般的な手法やベストプラクティス、定型作業の厳守で実行スピードが担保できる分野などである。

こちらの場合は反復性と効率がキーワードだ。イノベーション重視かエグゼキューション重視かで分野ごとに求められるスピードも違うし、成果を上げる方法も異なる。

このため、双方のバランスを取るうえで課題となるのは、それぞれの分野で、どの手法をどこで使い、どのように適切な仕事の進め方を設計するかだ。やり方を間違えば、ゴールに関する混乱が生まれ、非効率につながる。

整合性と統制のバランス

これは先に挙げた2つのポイントとも深い関わりがある。従来の階層構造の組織では、上司が部下の仕事について指示を出すが、その際、組織としての大きなゴールとの整合性を確保する必要がある。当然、上司が部下の活動を効果的に監督できるように、管理スパンを合理的な数、一般的には8人以下に抑えることになる。

このような組織モデルは、ビジネス環境が比較的安定しているときにはうまく機能する。変化のペースが緩やかで、戦略の変更や軌道修正の管理も年度単位の計画立案サイクルで十分間に合う。

これに対して、イノベーション・サイクルが何カ月、何年という単位ではなく、何日ごと、何週間ごとに発生し、多くの業務を小規模の小回りのきくチームが部門の垣根を越えて進めるような変化の激しいビジネス環境では、従来型の組織モデルは環境への対応もイノベーションも遅れがちだ。

自律的なチームに権限を委譲している企業は、マネージャーによる統制に頼らずにチーム間の調整や連絡を実現する方法を見つけなければならない。過剰な管理なしに整合性を確保するには、やはりマネージャーの知識とさじ加減にかかっているのだ。

ミレニアル企業がお手本――スポティファイの事例

こうした問題に上手に対処しているのがミレニアル企業だが、実例を見るとわかりやすいだろう[6]。

わたしたちがよく引き合いに出すのが、スウェーデン企業のスポティファイだ。同社は音楽、動画、ポッドキャストのストリーミング配信を手がける創業10年目の企業で、有料会員は3000万人に上り、2016年夏の終わりの時点で売上高は約30億ドルに達する。2000人以上の社員は「スクアッド」(「班」「小隊」の意)と呼ばれる機動的なチームに編成される。

スクアッドは、自己組織化された機能横断型で、メンバーは物理的に同じ場所に集まって仕事をする。スポティファイでは、責任の所在を曖昧にすることなく、機動的な考え方や原則を維持することにおおむね成功している。イノベーションを実現しながら、反復性のメリットも維持しており、過剰な管理なしに整合性を確保している。

ここで得られた教訓は、単にデジタル系のサービス提供業者だけでなく、多くの企業にも当てはまる。図表6-3は、スポティファイの組織モデルの基本構造を示している。

スポティファイの中核となる組織単位は、多くても8人のメンバーで構成される自律的な小

図表6-3

スポティファイの組織構造

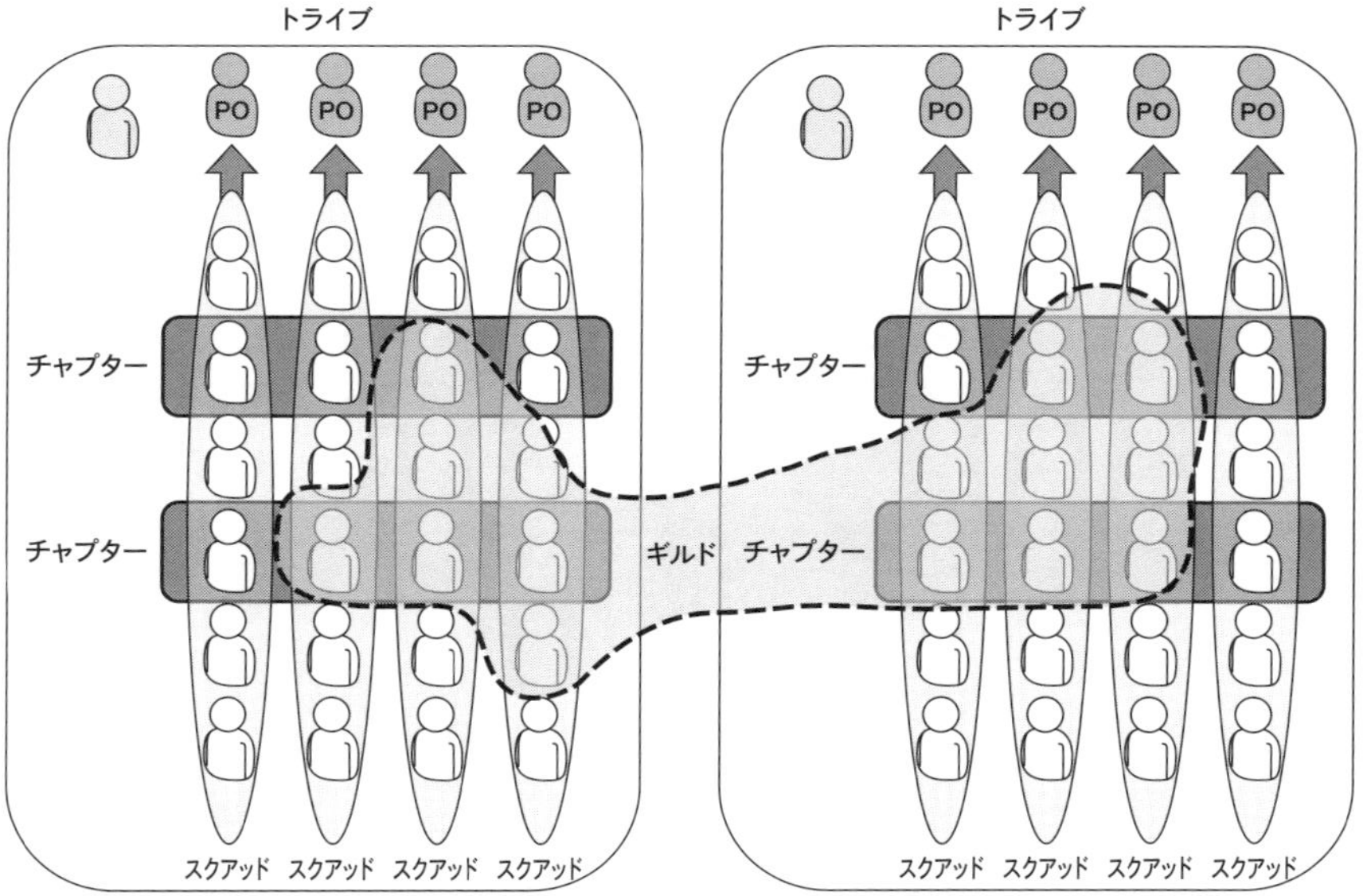

出所：Spotify.com
図中の「PO」はProduct Owner（製品オーナー）

規模チーム「スクアッド」だ。

各スクアッドは、製品（配信用のアプリやサイト）の特定の面について責任を負い、まさしく〝ゆりかごから墓場まで〟を担当する。スクアッドは、何をどのように開発し、その機能が他の機能と組み合わせて問題なく動作することを誰と一緒に検証するのかを決定する権限がある。

複数のスクアッドのメンバーが集まって「トライブ」（「部族」の意）と呼ばれる簡単なマトリックス組織をつくる。１つのトライブ内にいくつかのスクアッドがある。

スクアッドを縦糸と見立てると、縦糸のスクアッドをつなぐ横糸に相当するのが「チャプター」（「分会」の意）で、品質保証やアジャイル・コーチング（ソフトウェアなどを短期間で開発するアジャイル開発方式に精通した指導者による指導）、ウェブ開発など、特定の能力をサポートする。チャプターの最大の役割はスクアッド全体の学びと業務遂行能力の開発を促進することにある。

スクアッド内に正式なリーダーはなく、メンバー自身が自ら決定して行動する。一方、チャプターにはリーダーがいて、こちらは正式なマネージャーであり、コーチングとメンター役に専念する。

スポティファイでは、チャプターのリーダーがスクアッドのメンバーを兼任するプレーイング・マネージャー方式を認めている。スクアッドのメンバーは他のスクアッドに異動することがあっても、チャプター内では同じリーダーの配下にいることも可能だ。

また、スポティファイには、「ギルド」と呼ばれる別の組織概念がある。ギルドは、リーダーシップや継続的な成果物提供、ウェブ配信など、チャプターとスクアッドにまたがる分野の知識共有を目的に利害を共有する緩やかな集まりだ。

このスクアッド、トライブ、チャプター、ギルドという一風変わった組み合わせこそが、同社のオペレーティングモデルを支える組織構造なのだ。

一見したところ、要は従来のマトリックス組織を今風のミレニアル企業らしくデジタル志向の言葉に置き換えただけのように思える。だが、じっくり吟味すると、ずいぶんと違うモデルであり、なぜうまく機能しているのか理由が見えてくる。

責任の所在を曖昧にすることなく自律性を確保する

スクアッドは、それぞれ担当している機能において、製品のライフサイクル全体に責任を負っている。その機能の成否を完全に把握しているのである。

スクアッドには、正式に任命されるリーダーというものは存在しない。統率力を発揮する役割は、その場その場で生まれる非公式なものなのだ。成果は内部評価と顧客からのフィードバックの両面で見られ、スクアッドは成功と失敗をもれなく把握することが求められる。

スクアッドは、失敗について事後検証分析を実施して新たな学びにつなげる。スクアッド専用ルームの一部には、失敗した事項を掲示する「失敗の壁」も用意されている。数週間ごとにスクアッドは振り返りの場を持ち、順調に進んでいる案件、改善が必要な案件などを評価する。

同社では、個々のメンバーとスクアッドの双方に有効なフィードバックができるように、業績管理制度を刷新して、処遇の話と業績評価をコーチングやフィードバックから切り離した。

以前は同僚らによる水平評価を給与評価に盛り込んでいた。スポティファイによれば、「報奨につられてやる気を出す社員は、改善の余地が大きい事項のフィードバックよりも、とにかく好意的な評価を少しでも多く集めようとする」からだ。

現在は、社内ツールを使えば、これまでの成果や改善の余地がある部分などについて、上司、同僚、直属の部下など誰からでもフィードバックをもらうことができる。また、フィードバックは自分が必要な頻度で要請できる。

同社の社員ジョナス・アマンは、「その結果、誰でも自分の存在価値を確認し、自らを奮起させるのに必要なプロセスが整いました。人材育成と個人の成長につながります」と話している。

反復によるメリットを損なうことなくイノベーションを奨励する

スポティファイでは、スクアッドがイノベーションの中核拠点となるため、そこに横糸を通して各スクアッドの機能をつなぐ役割としてチャプターを導入した。チャプターは、従来型のモデルでいえば、機能特化の本社専門部隊のような存在で、集約型の機能と事業部門を結びつけている。

スポティファイの場合、チャプターの権限は正式な組織より低く、幅広い機能というよりも特定の業務遂行能力を軸に組織化されている。

さらに、特定の業務遂行能力を超えた水平方向に広く関心がある事項について、それぞれの経験の共有を促進する集まりがギルドである。

従来のモデルでは、本社がトップダウンで標準や定型業務を定義し、強制的に適用する。だが、スポティファイでは、仕事をしているなかで、現場で評判のいい手法が見つかり、やがてある程度浸透していけば、ボトムアップでベストプラクティスの手法として定着するようになる。

つまり、何らかの慣行やツールが標準になるのは、それなりの数のスクアッドが採用し、デファクトスタンダード（事実上の標準）になった時点ということになる。

イノベーションのエンジンを常にフル回転させる重要な役割を担うのが、企業文化（詳しくは次章を参照）である。

スポティファイには、試行錯誤や実験を重視するなど、新しい試みを歓迎する企業文化がある。何かをするときに最良の方法が定かでない場合、いろいろな方法を試し、A／Bテストを何度か繰り返しながら優れた方法を選び出す。

意見やエゴ、権威の代わりに、スポティファイは根本原因に関するデータ、実験、オープンな対話に力を入れている。切り離された環境で実施するため、失敗しても代償は小さく、失敗の〝爆発半径〟は限定的で、ユーザーの使い心地の面でも影響を受けるのはごく限られた部分だけだ。

過剰に管理することなく整合性を高める

スポティファイのモデルで、組織上の最大の特徴は「緩やかに結合しつつ、非常に統制の取れているスクアッド」というコンセプトである。

ここで重要な考え方は、「整合性が自律性を実現する。整合性が高ければ、自律性も高くなる」というものだ。だから同社はたっぷり時間をかけて目的やゴールとの整合性を確保してから事業に乗り出すのである。

スポティファイのリーダーシップモデルもこの整合性を補強している。リーダーの仕事は真の問題点を発見して周知し、スクアッド同士が協力しながら最良の解決策を見つけ出せるようにすることにある。調整作業に当たっては背景知識に加え、同社の優先課題や製品戦略、全体的な使命についての深い理解が欠かせない。

ソフトウェアのリリース過程では、機能担当スクアッド、インフラ担当スクアッド、クライアントアプリケーション担当スクアッドのそれぞれに各要素が切り分けられている。リリースした機能のオンとオフを切り替えられるため、すべての機能が完全に動作するはるか前の時点でリリースすることが可能だ。この面でもやはり企業文化が後押ししている。

スポティファイのスローガンは「自律的であれ、だが部分最適になるな。スポティファイのエコシステムのなかでよき市民たれ」である。

同社と共通しているのがジャズバンドだ。各スクアッドはそれぞれ担当の楽器を演奏しているが、お互いの音に常に注意を払っていて、全体として優れた楽曲になることに注力している。言うまでもなく、スポティファイの選択したやり方があらゆる企業に通用するわけではない。大切なのはそこではない。

個人の自律性と組織のゴールの間に生じる3つの基本的なジレンマに対処するうえで、オペレーティングモデル、仕事の進め方、企業文化の面で、どのような選択をするのか明確に示さなければならないということだ。

オペレーティングモデルと労働環境のあらゆる要素の整合性を体系的に確保し、責任の所在を曖昧にすることなく自律性を生み出すこと、拡張性や反復性のメリットを犠牲にすることなく特に重要な部分でイノベーションを実現すること、そして過剰な管理をすることなく整合性を確保することは、当事者意識とやる気を引き出す職場づくりの根幹を成すものだ。

3 成果を上げ、やる気を奮い立たせるリーダーを育成せよ

強力なリーダーシップは、当事者意識からやる気溢れる状態へとステップアップするうえで特に重要な要素の1つに挙げられる。

ベインとエコノミスト・インテリジェンス・ユニットの合同調査で、社員を奮起させモチベーションを高める力がリーダーにあるかどうか回答者に評価してもらった。その結果が図表6-4だが、とても期待が持てる内容ではなかった。

リーダーが社員のやる気を奮い立たせている、あるいはそのために必要な行動をとっているかという設問に、「そう思う」または「強くそう思う」と回答したのは半数に満たない。

はっきりしている条件が1つある。やる気と会社の業績は不可分の関係にある。これは強力なリーダーにも、「勝てる企業文化」にも当てはまる。

そもそも、パッとしない業績の会社のために働いていて、奮起する人間がいるだろうか。

これまでに世界の数々の企業の影響力あるリーダーを何百人と見てきたが、特に優れたリー

図表6-4

あなたの会社には、社員のやる気を奮い立たせるリーダーはいますか

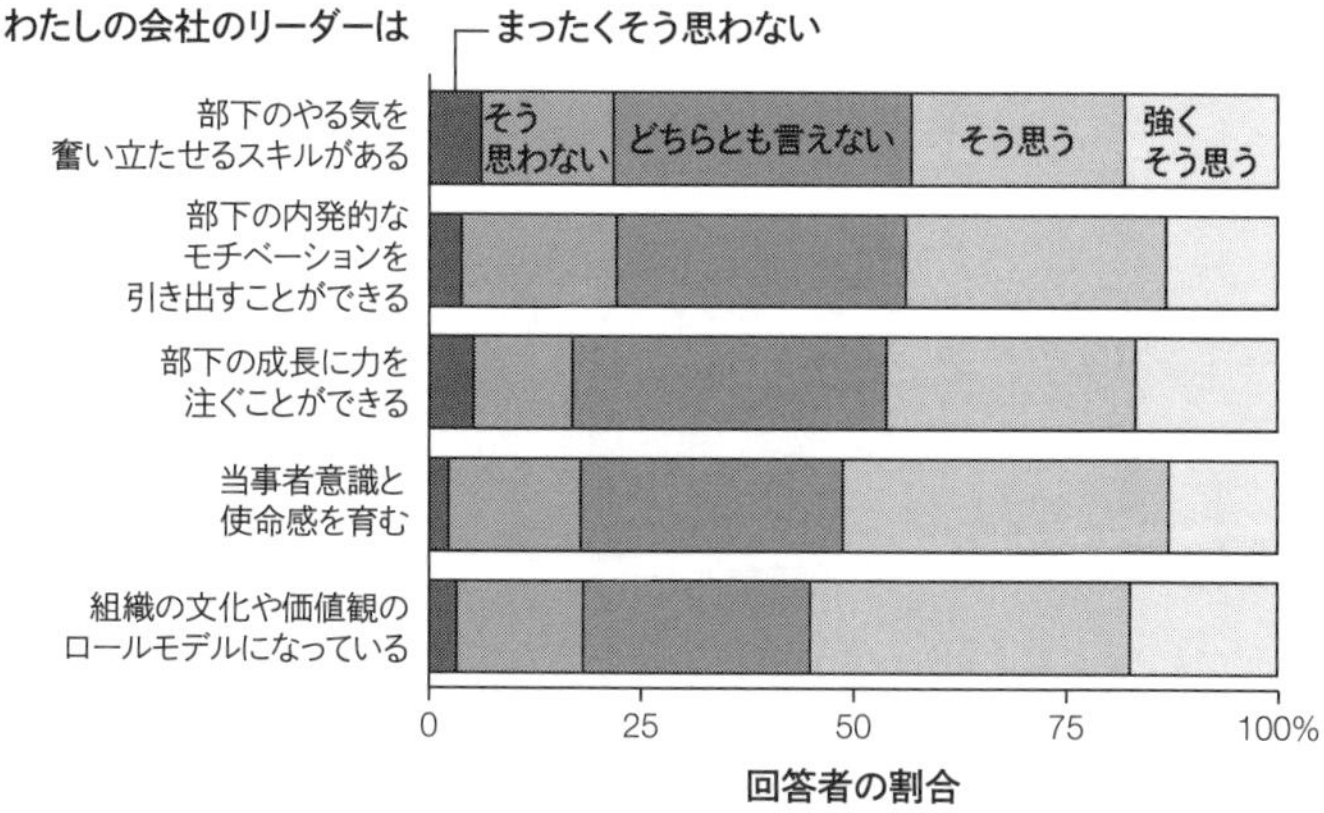

出所：ベイン／EIU合同調査（N ＝ 308）

ダーは、業績を上げることとやる気を奮い立たせることの両面に例外なく長けていることがわかった。

業績だけがいいリーダーは、組織に耐え難い犠牲を強いている可能性が高い。

一方、社員を奮起させることだけに躍起になっているリーダーは、社員にハッパをかけるものの、結局、会社の業績が冴えないために社員のやる気を削いでしまう。

リーダーは企業文化の醸成にとてつもない影響力があるだけに、業績志向の姿勢と社員を奮起させる力の両方の軸で評価すべきなのだ。

効果的なリーダーシップに汎用的なモデルはない。優れた業績を上げるために企業は、各社固有の戦略、ビジネスモデル、企業文化を反映した社内共通のリーダーシップのプロフィールが必要だ。

言い換えれば、第4章で紹介した社内共通の行動特性である。ある特定の能力分野で「突き抜けた」企業が競争優位を確立するのと同様に、リーダーも自社の価値創出モデルと関わりのある行動面で突出していなければならない。

優れた行動特性は企業ごとに固有のものであると同時に、社内のリーダー全員にも共通して見られるものでなければならない。

だが、やる気を奮い立たせるためには、それだけでは足りない。わたしたちの経験からいうと、どんなリーダーでも自身の強みを生かして、やる気を奮い立たせる存在になれる可能性がある。ただし、やる気を奮い立たせるリーダーシップがどのような特徴の組み合わせで生まれるのかは、リーダー1人ひとりで異なる。

やる気を奮い立たせるリーダーづくり

やる気を奮い立たせる力、そのような目に見えない資質を体系的に育む力、あるいはこうしたスキルを組織全体に定着させる力を正確に測る方法はまずないといっていい。

ハーバード大学の公共政策大学院であるハーバード・ケネディスクールのバーバラ・ケラーマンは、「知的探究活動の一分野としてのリーダーシップはまだまだ貧弱で、21世紀に入ってからまもなく20年になろうかという現在も、リーダーの学びのあり方について、何ら独創的な視点で考える動きが見られない」と指摘する。

部下のやる気を奮い立たせるリーダーを育てるにはどうすればいいのか。その秘訣を探るため、わたしたちは大規模な調査を実施した。

最初の調査では社員2000人を対象に、同僚の影響でやる気を出したことがあるかどうかを調べた。また、そのような他者のやる気を奮い立たせる力に欠かせない特性も挙げてもらった。

やる気を発揮させるメカニズムは分析が難しいが、この調査で人のやる気を奮い立たせる際に統計的に重要なものとして、目に見える明確な特性33項目が見つかった。

これをまとめたのが、図表6-5である。このリストの作成に当たっては、心理学、神経学、社会学、組織行動、経営科学など複数の観点に加え、大規模な面接調査の結果も反映されている。

続いて、このやる気を奮い立たせる特性について、どのような場面で力を発揮するのかを基準に4つに分類した。

たとえば、あるカテゴリーには、選択と集中、協調性、進むべき方向を指し示す力など、チームの統率力に関わりのある資質が集められている。別のカテゴリーには、ストレス耐性や楽観

図表6-5

ベインの「やる気を奮い立たせるリーダーシップの核となる要素」

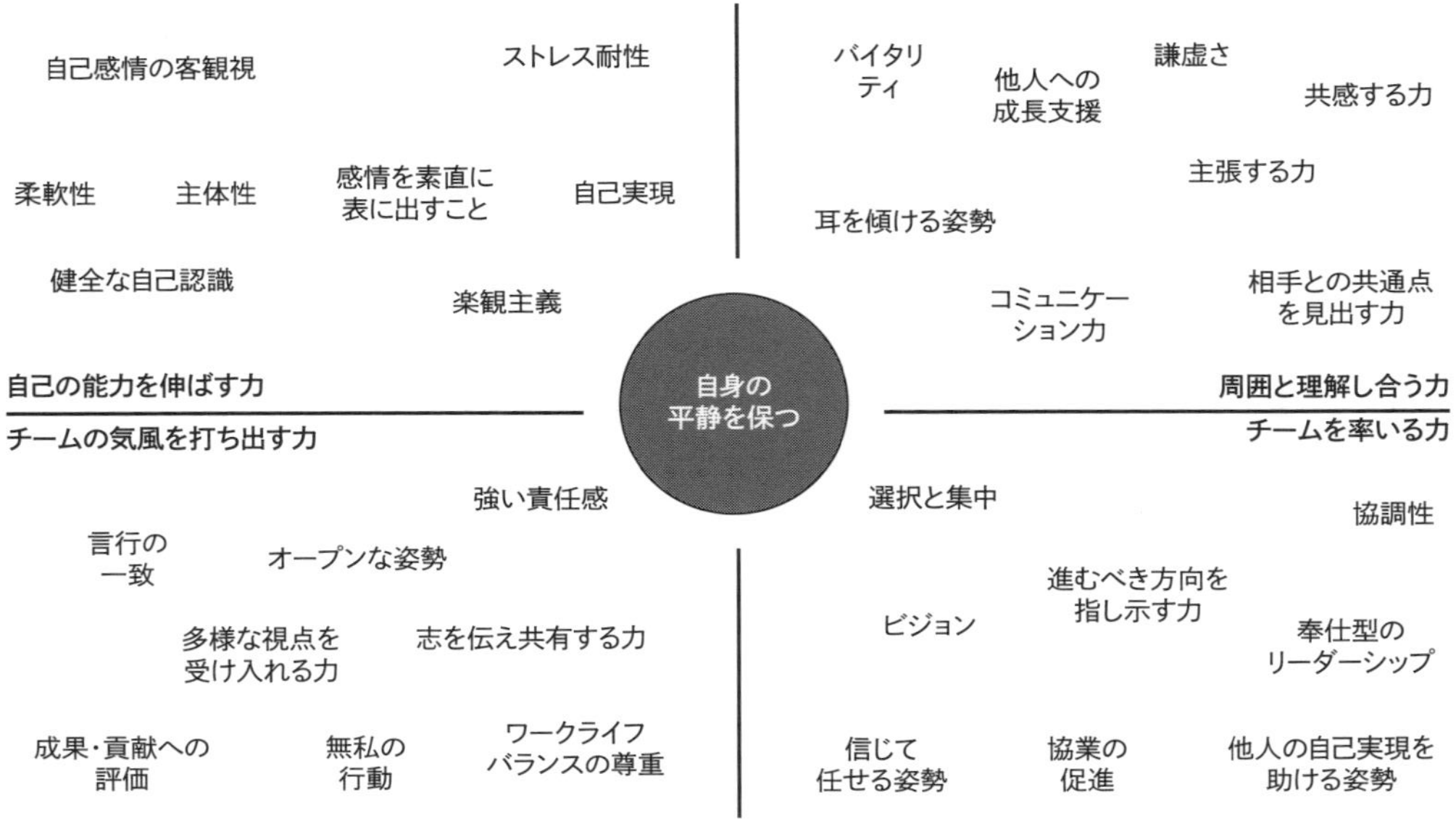

出所：ベイン・アンド・カンパニー

主義、健全な自己認識など、内面的な力を高める行動習慣が集められている。

4つのカテゴリーは、モデルをわかりやすくするための骨格であって、何らかの特定の能力分布を強調するものではない。わたしたちの調査からもわかるように、組織全体のやる気を鼓舞する環境を整えるうえで各要素が非常に重要で、他者のやる気を奮い立たせる個人の能力に与える影響の大きさという意味では、これ以上の組み合わせはない。

次にわたしたちは、やる気を奮い立たせる能力の高さを評価した。同僚グループのなかで上位10%に入る人物は、「際立った強み」があると定義した。そのすぐ下の上位10〜30%にランクされた場合は「際立った強みになる可能性あり」と解釈し、下位10%の場合は、その特性について「弱み」があると位置付けた。残る60%に入る場合、他者に変化をもたらすような効果を損ねることも強めることもないため、どちらでもないと考えた。

この調査の結果、部下のやる気を奮い立たせるリーダーを育成するうえで、効果的なコーチング・プログラムづくりに役立つ4つの重要なヒントが浮かび上がった。

・際立った強みが1つでもあれば、つまりこうした特性のいずれかで同僚グループのなかで上位10%に入れば、他者のやる気を奮い立たせるリーダーになれる可能性は2倍近くに跳ね上がる。

・際立った強みが多いほど、他者のやる気を奮い立たせる力も高くなる。際立った強みに相当する特性を4つ備えているだけで、他者のやる気を奮い立たせる力は十分にあることになる。

実際、33項目のうち4つ以上について際立った強みを持つ人々の90％以上が、同僚のやる気を奮い立たせる能力があった。

・他者のやる気を奮い立たせる能力のある人々は意外なほどに多種多様だ。際立った強みはどのような組み合わせでも効果があるため、他者のやる気を奮い立たせるリーダーに特定の理想像はない。今回の調査結果から、本物が持つ力が改めて強調された。他者のやる気を奮い立たせるリーダーにはさまざまなタイプがある。

・自分の弱みを直すよりも、強みに力を注ぐことにより、誰でも他者のやる気を奮い立たせることができるようになる。これを立証する調査結果も続々と登場している。

たとえば米調査会社ギャラップによれば、社員が当事者意識を持つ可能性は、経営陣が社員の強みに着目している場合は73％であるのに対して、社員の強みに着目しない場合は9％にとどまるという。

調査の結果でとりわけ意外だったのは、33項目の中で最も重要な要素が平静を保つことだったという点だ。やる気を奮い立たせるうえで統計的に最も重要だったうえ、社員が最も伸ばしたいと思っている特性でもあったのだ。

平静とは、意識が研ぎ澄まされている状態を指し、意識をすべて集中させたときに実現できる状態である。

最近は健康増進や職場の満足度を上げる希望者向けプログラムとして、マインドフルネス（自分の内面・外面に対する意識が研ぎ澄まされた状態）講座を提供する企業が増えているが、わたしたちの調査からも、自身の平静を保つことがリーダーとしての資質に欠かせない要素であることがわかる。平静が保てれば、冷静な判断力、ストレスへの対処法、他人の気持ちになって考える力、他人の話にじっくり耳を傾ける力が向上する。

現在、有力企業はこの考え方に基づいたプログラムづくりに乗り出している。優れた企業は、顧客の心を動かす体験を提供できるかどうかで競争力が決まるとわかっているからだ。

仕事の性格が変わり、いまや社員が仕事に求めるものは給料や励ましの言葉にとどまらないことも、こうした企業は承知している。また、有能な社員にはさまざまなキャリアアップのチャンスがあるため、常につなぎ留めておく努力が欠かせないという認識もある。

このため、有力企業は、社員を本当にやる気にさせるリーダーを探し求めており、先を見越して、やる気を奮い立たせるスキルの開発に全社を挙げて取り組んでいる。20世紀型の古い企業なら、従来のリーダーシップ育成プログラムでも十分だった。だが、世の中はすっかり変わり、動きはめまぐるしく、要求は厳しくなり、はるかにオープンになっている。

それだけに、きちんとした支援体制の下で、やる気を奮い立たせるスキルを育むことは、将来に向けて生産性を高めるとともに、社員が定時に逃げるように帰宅することのない魅力ある職場をつくるうえで重要な鍵を握っている。

企業がなるべく多くの社員から当事者意識ややる気を上手に引き出せれば、その分、組織としての生産力は高まる。個々の社員が会社の成功に向けて自発的に意欲を発揮すればするほど、個々の生産性も高まり、それにつられて周囲の社員の生産性も高まる。

だが、社員に当事者意識を持たせるためには、本社のロビーに華やかなポスターを掲げたり、カフェテリアでおいしいコーヒーを無料で振る舞ったり、昼休みにバレーボールを楽しんだりするだけでは足りない。

トップを巻き込んでの綿密なマネジメントと、社員が全身全霊で仕事をする環境づくりにひたむきに取り組む必要がある。

また、本章で何度も触れているように、当事者意識を持たせるだけで終わるのでは、志が低すぎる。優良企業は、大部分の社員を奮起させようと取り組んでいる。こういう企業では、リーダーに対して、業績を上げるだけではなく、部下のやる気を奮い立たせることも期待しているのだ。その結果、人材の能力を極限まで活かしきれるのである。

【まとめ】やる気と当事者意識を引き出すための4つの方法

1 社員が自分の日常業務と会社の顧客・社会的使命とをしっかりと結びつけられるように支援せよ。社員がやる気に溢れているかどうかに目を配り、どうしたら仕事に情熱を持たせられるかを自問する。

2 人間性溢れる理念を掲げよ。社員にとってその会社で働く価値やオペレーティングモデル、労働環境、仕事の進め方に落とし込み、総合的に当事者意識の醸成につなげる。戦略、ビジネスモデル、企業文化に応じて、どの要素にどの程度の重点を置くのか決定する。

3 拡張性や反復性のメリットを犠牲にすることなく、自律性の高い組織をつくり上げよ。自律性と組織のニーズの最適なバランスを実現する。不要な官僚主義や細かすぎる規則集を積極的に排除してきたかどうか確認する。

4 他者のやる気を奮い立たせるリーダーシップ育成に投資せよ。これが、並外れた成果を生むことと社員のやる気を奮い立たせることの双方に長けたリーダーの育成につながる。

第7章

「勝てる文化」を醸成せよ

本書では、大企業病を克服し、優れた人材を集めて配置し、社員の意欲や熱意を職場でフルに発揮してもらうための処方箋を紹介してきた。

無駄に使われていた時間を解放し、不要な官僚主義を排除することも呼びかけた。組織の簡素化について取り上げ、本当に違いをもたらす人材を見出して配置することの大切さを訴えた。

さらに、社員を惹きつけ、当事者意識ややる気を引き出して、大きな成果を上げてもらうための現実的な方法を提案した。

こうした処方箋を提示すると、いまひとつ腑に落ちないのか、往々にして2つの素朴な疑問をぶつけられる。

どれも常識のように思えるが、普通に事業活動をしていて、なぜこういうことが実現しないのか。

この処方箋どおりに行動したとしても、これがすべて定着し、希望どおりの成果を持続的に生み出していけると言えるのか。

この2つの疑問に対する答えは、陳腐かもしれないが、どの組織にとっても重要な要素に行き着く。

「企業文化」である。

まず最初の問いについてだが、見るからに常識的なことであっても、現実には多くの企業が「うちの社風に馴染まないから」という理由で必要なステップと捉えていないのだ。

処方箋を導入しようとしても、まるで体内への異物の侵入を免疫機構が阻止するかのように、企業文化が処方箋に攻撃を仕掛けるのである。

2つ目の問いにある改革が続くかどうか、期待する成果が得られるかどうかという点も企業文化にかかっている。

企業文化の要素をしっかり理解していれば、他のステップは本来あるべき場所に収まり、場合によっては相互に補強し合うことも期待できる。

だが、こうした要素をきちんと理解できなければ、何ひとつ定着しないため、フラストレーションは増すばかりだ。

ＩＢＭの元ＣＥＯ、ルイス・ガースナーは次のように語っている。

「ＩＢＭに来る前だったら、企業文化は、組織の構造や成功を支える重要な要素の１つにすぎないと語っていたかもしれない。（中略）ところがＩＢＭ時代に気づいたのだが、企業文化は勝負を左右する要素の１つどころではなく、企業文化こそが勝負を決めるのだ」[1]。ガースナーだけではない。持続的に好業績を上げている企業は、ほぼ例外なく根底に「勝てる企業文化」がある。これは、おそらく最も長期にわたって競争優位の源泉となる。

このような企業文化は、業績不振やなし崩し的な組織の複雑化に陥らない最大の防御策だ。社員間の協業や社員のやる気を引き出せば、実質的にビジネスの規模を拡大するのと同じ効果があるため、本来の実力以上の成果を上げることができる。

また、強力な企業文化は、優秀な人材を魅了する力もある。２０１３年にわたしたちが実施した調査で、それぞれの企業の企業文化が持つ力と、社員が自分の勤務先を友人にどの程度熱心に推奨するかを比較した。

なお、指標には、社員の「ネット・プロモーター・スコア」（ＮＰＳ）を使用した。

調査では、「0〜10までの11段階評価で、あなたの企業を就職先として親友に薦める可能性はどのくらいありますか?」という質問に回答してもらった。

10は「非常に高い可能性がある」ことを表し、0は「まったく可能性がない」ことを表す。ネット・プロモーター・システムの用語では、9または10と回答した人は「推奨者」、6以下の回答者は「批判者」と位置付けている。

この指標に沿って分析したところ、強力な企業文化を持つ企業は「推奨者」の割合から「批判者」の割合を引いたスコアが74%以上となった一方、企業文化が貧弱な企業は62%未満のスコアだった。

コーンフェリーの傘下にあるフューチャー・ステップが企業幹部1000人を対象に実施した同様の調査によると、グローバル企業にとって人材採用時に企業文化の評判が最も重要な優位性につながるとの回答が3分の2近くに上った[2]。

当事者意識ややる気を大きく引き出すような強力な企業文化があれば、ディファレンスメーカーとなる有能な社員をつなぎ留める効果がある。ということは、絶えず何か特別なインセンティブを与えて転職をとどまらせる必要もない。

わたしたちの生産性指数で見ると、企業文化とは、戦略上、きわめて重要となる好業績志向の行動に、組織内の意欲を集中させやすくする効果があるのだ。

企業文化についてはいるとも幅広く議論されていることもあって、企業文化の話題を振ると、経営幹部の多くはやや食傷気味という表情を見せる。

「うちは（優れた企業文化で知られる）サウスウエスト航空じゃないんですよ」。

そうつぶやく幹部らの言葉の端々に苛立ちが見え隠れする。

「グーグルとも違うし、昨日今日出てきたベンチャーでもないんです。100年も毎日コツコツ事業をやってきたんです。基本的には何十年も変わらないスタイルで仕事をしてきました。そんなわれわれに企業文化を変えろと言われても、ああそうですかとはいかないですよ。違いますか」。

なかなか説得力ある切り返しである。これについては本章で答えを出すつもりだ。

企業文化とはいったい何なのか、その本質に迫ってみたい。普通の企業で、勝てる企業文化へと再構築・再生した事例を取り上げ、その際にこうした企業が実施した3つの重要な施策を紹介したい。

わたしたちがこれまで提案してきたことをアーチのような建造物にたとえれば、アーチの頂点に打ち込まれる要石となるのが企業文化であることに気づいていただけるのではないか。

逆に言えば、最も重要な要石が打ち込んである限り、アーチが崩壊することはない。だからこそ、企業文化は、CEOが取り組む最優先課題に据えるべきなのだ。

企業文化の正体

「企業文化は最重要課題」と言うは易し、行うは難しだ。企業文化は、社会的な要素が複雑に絡み合って生まれる。社員の活動内容や社員の信条、社員の行動や対応のあり方を左右する目に見えない力が集まったものだ。

よく言われることだが、誰も見ていないときにどう振る舞うかを決めるのが企業文化だ。

企業文化は価値観や行動指針にも反映されることがあるが、必ずしも決定的な要素ではない。戦略やオペレーティングモデルとも違う。

戦略は、具体的な成果や、成果の達成に必要な活動に社員を集中させるものである。

オペレーティングモデルは、仕事を進めるための環境を整備するものであり、個人や集団としての業績を促進（または阻止）する。

企業文化は、戦略とオペレーティングモデルの双方に対して、信条や目的、価値観といった人間的な要素を吹き込む役割を果たす。社員の意欲をうまく誘導し、望む成果を達成するために社員個人と組織全体の行動や対応のあり方をかたちづくる。それが企業文化なのだ。

企業文化は、いわゆる内部コンパス（自身に埋め込まれた〝羅針盤〟）と組織環境の2つで構成

図表7-1

勝てる企業文化の構造

目的、価値観、信条、行動を共有し、優れた当事者意識と業績を後押しする仕組み

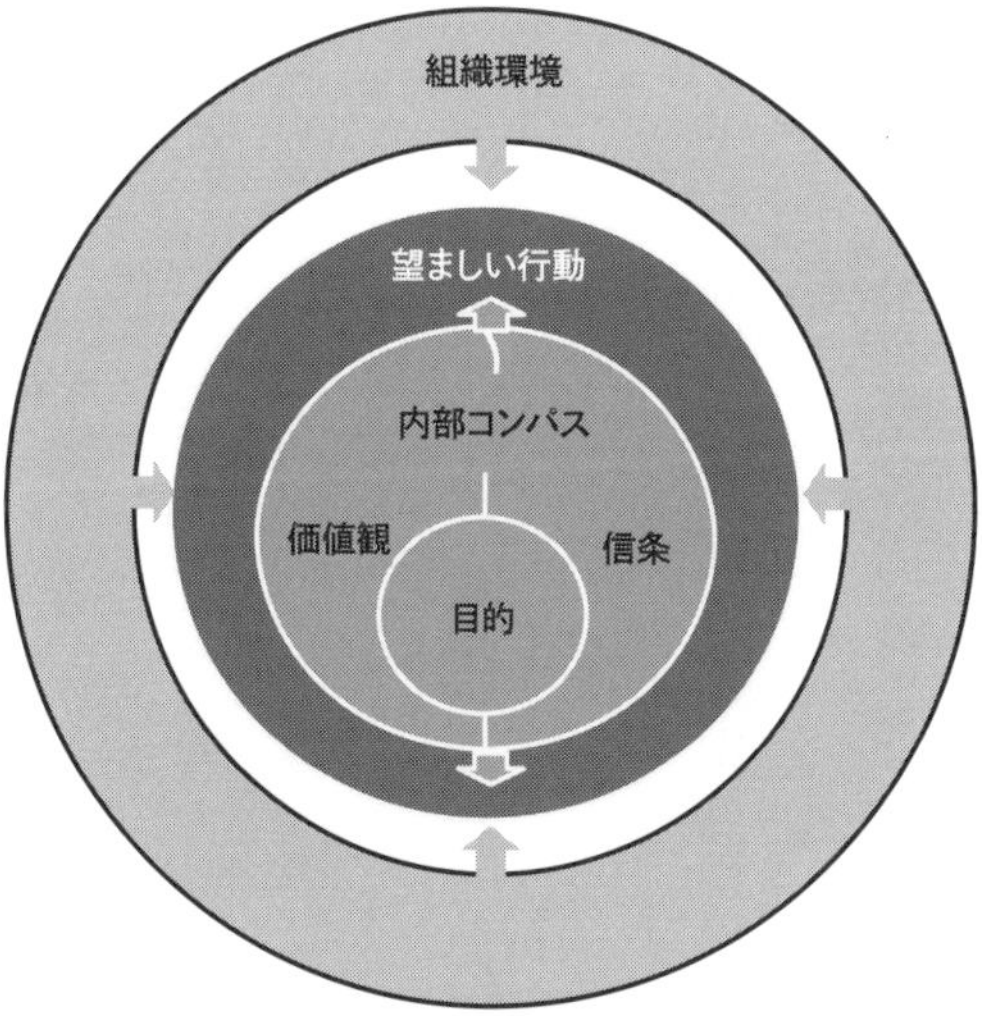

- 内部コンパス：行動と決定の指針となる不動の存在
  - 意義のある目的：顧客や社会に重点を置いた共通目的で、社員が有意義と感じ、そこに関与することに誇りを覚えるもの
  - 勝てる価値観：勝ちグセのある組織に顕著な特性
    - ▶責任感、協力的、機動的、革新的、高い志、誠実さ、「人」志向
  - 補完的な信条：業界や戦略上の選択、企業の伝統に立脚していて、企業に固有のもの

- 望ましい行動：目的、価値観、信条にひもづく日々の行動

- 組織環境：仕事の進め方や行動習慣に影響を与えるオペレーティングモデル、人事制度、報酬とその影響、経営陣の行動

出所：ベイン・アンド・カンパニー

される（これを図示したのが、図表7－1である）。

内部コンパスは、意義のある目的、勝てる価値観、補完的な信条で構成される。強力な企業文化の場合、組織環境が内部コンパスを補強している。組織環境は意図的に広いコンセプトになっている。

たとえば、望ましい行動のロールモデルとなるリーダーの行為、こうした行為に報いるための結果重視型の仕組み、適切な人材の発見・育成・昇進を可能にして、適切な行動を促すオペレーティングモデル・人事制度などが含まれる。それでは、こうした要素について、もう少し詳しく掘り下げていこう。

目的

勝てる企業文化づくりの第一歩は、企業が具体的な職務や使命に落とし込むことができる有意義な目的の設定から始まる。

特に、顧客や社会に対する意欲的な使命という観点に立って定義すれば、最も強力な目的になる。わたしたちが気に入っているものをいくつか挙げておこう。

・スターバックス「人々の心を豊かで活力あるものにするために ― 1人のお客様、1杯のコーヒー、そして1つのコミュニティから」
・マヒンドラ「従来の考え方を疑い、斬新な発想であらゆる経営資源を生かして、世界中の利害関係者やコミュニティの人生に前向きの変化をもたらし、立ち上がるきっかけをつくる」
・フェイスブック「誰もが安心して情報を共有できる、オープンでつながりのある世界を実現する」
・イケア「当社は、多くの人々によりよい日常生活をもたらすことをビジョンに掲げています。優れたデザインと機能性を兼ね備えたホームファニッシング製品を幅広く取り揃え、より多くの方々にご購入いただけるようできる限り手ごろな価格でご提供するという経営理念がこのビジョンを支えています」

価値観・信条

企業の目的の根底には、価値観を反映した信条がある。2013年にわたしたちが実施した別の調査では、勝てる企業文化を醸成するうえで、20種類近い価値観の重要度を調べた。調査の結果、際立っていたのは次の7つの価値観である。

①革新的であること（十分に情報を検討したうえでリスクを取り、失敗に学ぶ勇気を持つことを含む）

②高い志を持つこと（大きな使命をオープンに追求・採用すること）
③誠実であること（率直なコミュニケーション、最高の倫理基準の尊重を含む）
④責任感を持つこと（個人の部分最適ではなく企業の全体最適を重視する姿勢を含む）
⑤協力的であること（互いに信頼し合い、チームワークを示す）
⑥機動的であること（変化を予見し、先んじて準備すること）
⑦「人」志向であること（社員と会社の使命を結びつけて、やりがいと当事者意識を醸成する労働環境を整えること、最高経営幹部と現場の社員を結びつけて当事者意識とやる気を引き出すこと、経営陣・社員と顧客・地域社会を結びつけて会社の目的を補強することにより、人間的な関係づくりに注力すること）

実際、勝てる企業文化には広くこれらの価値観が存在していることに気づいた。

こうした価値観を後押しする信条は、優れた行動を生み出すうえで同じように重要な役割を果たす。

普遍性のある価値観とは違って、信条は企業の歴史、なりたち、社会的背景、創業者の思いなどに基づく企業独自のアイデンティティや重視しているものを個性的に表現したものである。

企業の目的、7つの普遍的な価値観、補完的な信条が一体となって、組織としての規範が生まれる。これは、常に方向を知ることができるいわば北極星のような存在である。

だが、規範だけあっても、勝てる文化は生まれない。規範を企業ごとの行動に翻訳しなければならないのだ。そのときに企業文化に命が吹き込まれ、組織に力をもたらすのである。

行動

行動は、まさに実力が試される場、真価が問われる場である。実際、掲げている目的や価値観にそぐわないようなビジネス慣行や仕事の進め方が見られる企業は多い。

このような企業では、前述のように、企業文化の力が〝抗体〟として機能し、変革の取り組みを一切受け付けない。

それ以外の企業は、目的と価値観を毎日の仕事の進め方に落とし込んで命を吹き込んでいる。こちらでは逆の効果が見られる。

つまり、表明している目的や価値観と矛盾するような行動は、企業文化の力で抑え込まれているのだ。

企業文化によって行動に命が吹き込まれ、補強される場面は大きく2つある。まずきわめて象徴的といえる大きな決断のときだ。リーダーが重大な決断を下す場合など全社員の視線がリーダーに注がれている瞬間である。

そしてもう1つは、通常の意思決定や日常のやり取りなど、もっと小さくて反復的に発生するような判断の瞬間である。

前章で触れたように、最も有能なリーダーは、業績を向上させると同時に他者のやる気を奮い立たせるという、２つの目標を一気に成し遂げてしまう。

業績とやる気の両方を引き出すという意味では、強力な企業文化にも同じ効果がある。社員の心をしっかりとつかんでいる企業は、社員を内発的に動機づけ、自発的な意欲をフルに引き出し、機動性、スピード、業績を促進する。

業績を後押しする企業文化があれば、違いを出したいと考えている人材が自然と集まってくる。全身全霊で勝利をめざす選手たちのチームのように、貢献意欲溢れる社員が集まった環境は、やる気と当事者意識を引き出すのである。

ビジネスモデルの刷新を図る際、決まって多くの企業が企業文化の改革に乗り出そうとする。成果志向を根付かせようと躍起になる企業がある一方、労働環境を充実させ、社員にとっての職場の価値を高めることで、やる気を奮い立たせることに注力する企業もある。

たとえば、成果志向を強化する一環として責任の所在を明確化しようとしている企業を考えてみよう。

この企業は、経営のゴールを個別の目標に落とし込み、具体的な成果に基づく測定基準とインセンティブを設定することになる。それだけでなく、こうした重要業績評価指標（ＫＰＩ）

の測定に、新しい管理ダッシュボードや関連の月次営業レビュー・プロセスを導入することもある。

いずれも大きな力を発揮する可能性はあるものの、チームや個人が目標を達成するための権限委譲もないまま、こうした施策だけを実施すれば、上司は部下の行動を逐一監視し、どうでもいいような子細なことまで指図するような状態に陥り、やる気を奮い立たせたり、責任の所在を明確化したりするどころではなくなる。

企業文化の刷新に当たっては、両方の要素に同時に取り組み、業績とやる気の両面での介入を連動させることで、相互に打ち消し合うのではなく、相互に補強し合う関係に持ち込むことが大切だ。

この後、具体的な事例を挙げながら企業文化について掘り下げてみよう。

好業績志向の企業文化を取り戻せ――ABインベブの事例

この章の冒頭で約束したとおり、ベンチャーや企業文化が評判の企業ばかりでなく、普通の企業、つまり産業界で古くから活躍してきた老舗企業にも目を向けて見たい。

従来型の企業でも、創業者が指揮をとるベンチャーのように臨機応変に対応し、高い成果を上げ、社員のために深く関与していくことは可能と確信しているからだ。

半信半疑の読者のために、酒類メーカー大手、アンハイザー・ブッシュ・インベブ（ABインベブ）の事例を紹介しよう。

ABインベブのルーツをたどると、ブラジルの小さなビール醸造所に行き着く。元々はコンパニア・セルベジャリア・ブラーマというビール会社だったが、1980年代末にブラジル系投資会社3Gキャピタルが約6000万ドルで買収した。

業績は好調で、ブラジルをはじめ南米諸国で事業を拡大し、1999年にアンタルチカと合併してアンベブと社名を改めた。

その後、アンベブはベルギー資本の酒類メーカー、インターブリューと合併し、さらにアメリカのアンハイザー・ブッシュを買収した結果、米最大手のビール・メーカーとなった。

2016年にはABインベブとSABミラーという業界上位5社のうちの2社が経営統合することになった。

ビール醸造は長い歴史のある成熟産業で、合併・買収などでABインベブに合流した企業のなかには、何世紀も前に創業した企業が多い。

ベインのクリス・ズックとジェームズ・アレンが著書で「創業メンタリティ」（創業者目線）の力について大きく取り上げているが、この創業メンタリティは、優秀な企業内での活気の源泉であると同時に、起業時のエネルギーを失ってしまった企業を救うオーナーのための〝修理マニュアル〟としての役割も果たす[3]。

ある意味で、ＡＢインベブには創業者が2組いる。まず元々の創業者がいて、後にこの会社を買収した新しい創業者もいるからだ。

ほとんどの場面で元の創業者精神はとうに消え去っていた。だが、新創業者は、買収した大企業に対して、オーナー感覚に根ざした成果志向の企業文化を植えつけた。その過程で社員のやる気を奮い立たせてめざましい成果をもたらす企業に育て上げたのである[4]。

ＡＢインベブでは、そのモデルの根底をなす3要素として「夢」「人」「文化」を掲げている。

夢は大きく、大志を抱け

ＡＢインベブでは、野望を「夢」という言葉で表現する。

ＣＥＯのカルロス・ブリトは「大きな夢を抱こうが、小さな夢を抱こうが、使うエネルギーは同じ。だったら大きな夢を抱こうじゃないか」が口癖だ。

ＡＢインベブによれば、その夢とは最高のビール会社になり、「人を集め、もっと素晴らしい世界を享受してもらう」ことだ。最高のビール会社である以上、誰も現状に甘んじて安穏とすごしていられないということだ。

ＡＢインベブは高い目標を掲げ、その達成に向けて前進し、達成したら次の目標を掲げる。同社の言葉で言えば、到達点との「ギャップをつくっては埋めていく」作業の繰り返しだ。組織内のあらゆる階層でこの作業を繰り返しているのだ。

オペレーティングモデルをシンプルに

「人」を受け入れる器に相当するのが、オペレーティングモデルである。３Ｇキャピタルなり ＡＢインベブなりが企業を買収すると、経営幹部が最初に着手するのが、買収先の組織構造と オペレーティングモデルの吟味だ。

重複する任務があればすぐに排除し、責任の所在に曖昧な部分があれば即座に明確にする。

ＡＢインベブでは、明確な青写真の下、階層数５階層以内、管理スパンを固定した組織づくりを重視している。この大幅な階層削減措置で、経営幹部と現場の社員の距離が縮まる。これにより予算を上手に使えるようになり、全員が「見ているだけの人」ではなく「実際に手を動かす人」になる企業文化を育むことになる。

ＡＢインベブは、経営幹部のあるべき姿を示すリーダーシップ・プロフィール、つまり行動特性を策定している。

それによれば、違いを生み出すことに貪欲で、質素倹約型、現状に甘んじることなく、結果を重視し、勤勉で、データを重視し、現場の社員や顧客と深いつながりを保ち、業界や担当分野について深く実践的な知識が豊富であることと定めている。

仕事の進め方に帰属意識を埋め込む

図表7-2はABインベブの経営理念10カ条である。このうち7項目は企業文化に関するものだ。

普遍的な価値観と企業ごとの信条を特徴とする「勝てる文化」のモデルと同様に、ABインベブの経営理念にもその組み合わせが見てとれる。責任感（第6条）や誠実さ（第10条）など普遍的な価値観がある一方、不要な複雑性やコストに対する強い抵抗（第7条、第8条）など、同社固有のきわめて具体的な信条もある。ABインベブで働く人々の多くが、単なる掛け声だけで終わっているわけではないという。

同社のすべてがここに凝縮されていて、仕事の進め方にも深く反映されているからだ。いくつか例を挙げよう。

2008年にインベブがアンハイザー・ブッシュと合併した際、アンハイザーの本社は米国ミズーリ州セントルイスにある大規模な低層ビルを使用していた。

図表7-2

ABインベブの経営理念10カ条

夢

1. 同じ夢を持つことで全員が「人々が集い、よりよい世界をめざす最高のビール会社」という同じ方向を見て仕事に取り組む活力が生まれる。

人

2. 当社の最大の強みは人材。優れた人材がそれぞれの能力に応じたペースで成長し、能力に応じて適切な報酬がもたらされている。

3. 当社は、伸びる可能性を秘めた人材を採用し、育成し、つなぎ留める。わたしたちはチームの質で判断される。

文化

4. 成果にけっして満足しきらず、次の成果の糧にする。集中し、自己満足に陥らないことが継続的な優位性につながる。

5. わたしたちが仕えるべき相手は消費者。消費者の暮らしのなかで重要な役割を果たすブランド体験を、常に責任ある方法で提供することにより、消費者に奉仕する。

6. わたしたちはオーナーが集まった会社である。結果はそれぞれのオーナーに帰属する。

7. 通常、常識とシンプルさは、不必要に洗練させたり複雑化させたりするよりもよき指針になると確信する。

8. コスト管理を徹底し、持続性と収益性を伴った売上成長を支える経営資源を無駄にしない。

9. 身をもって範を示すリーダーシップこそ、私たちの企業文化の中核をなす。有言実行が大切である。

10. 間違っても手っ取り早いやり方に頼らない。わたしたちの会社を支える鍵は、誠実、勤勉、高品質、責任感である。

出所: "10 Principles," AB InBev, http://www.ab-inbev.com/about/dream-people-culture.html.

最上階にはＣＥＯやその直属の部下数人の執務室があった。豪華な調度品に囲まれた執務室には年代物の絵画が飾られ、立派な重役会議室も用意されていた。４つある執務室はいずれも専用トイレを備えた広い角部屋で、役員アシスタントのデスクに囲まれていた。

ＡＢインベブの企業文化は風通しのよさに重きを置いていて、階級差を象徴するようなゴテゴテした装飾を嫌悪していた。

このため、最初に手をつけたのが最上階のスペースをオープンフロアに改装することだった。じつはこの措置を講じたのは、世界金融危機の真っ只中だった２００８年のことである。ちょうどインベブがアンハイザー・ブッシュに５２０億ドルを支払ったばかりで、この買収に当たって借り入れた何十億ドルもの債務を抱え込んだところだった。

予算に余裕はなかったが、模様替えにかかった費用に比べれば、最上階のスペースを解放することの重要性は象徴的にも企業文化の面でもはるかに大きな効果があったからである。

社員の主体的な取り組み姿勢を取り戻す迅速な対応策の例はこれだけではない。たとえば、アンハイザー・ブッシュは自前の小型飛行機を持っていて、10人以上のパイロットもスタッフとして抱えていた。この飛行機の売却とパイロットの一時解雇も迷うことなく決断した。

こうした象徴的な行動は、ＡＢインベブの価値観を社員に強力なメッセージとして送ったことになり、最も強力な改革は仕事の進め方の刷新というかたちで現れた。

アンハイザー・ブッシュが採用していたドレスコードは廃止され、ジーンズ姿で働けるようになった（「当社のお客様はスーツもネクタイも着用していないのに、わたしたちが着るべきでしょうか」というのが、ブリトの言い分だ）。

ブリトら経営陣も共用のテーブルで作業するため、形式ばらない1対1の話し合いや意思決定がやりやすくなった。

前述のように、社員は意思決定に必要なデータに手軽にアクセスできる。また、この企業文化ゆえに、プレゼン形式ではなく話し合いを重視した対面のコミュニケーションと打ち合わせが奨励されている。

ABインベブでは、賛否両論あるゼロベース予算を導入し、そのうえで業務の慣行や慣例をつくり上げているため、自分のカネを使うように会社のカネを大切に使う意識が芽生える。世界トップクラスのコストマネジメント体制の下では、コストやコスト要素を詳細に把握できる。情報武装し、ABインベブの大胆な野心に共感するマネージャーは、データを精査して、少ない投資で大きな成果を得る方法を検討する。

だが実際のところ、このプロセスの力を左右するのは、ツールだけではない。もし他の企業だったら、たとえゼロベース予算を導入しても、同社の半分のメリットを手にするだけで相当苦労するのが普通だ。

先ごろ、ある消費者向けパッケージ製品メーカーがゼロベース予算の導入を発表したが、目標値を検証して疑問を持ったアナリストが、ゼロベースで身軽になったというよりも、むしろ自身の重力で上に行かないのではないかと茶化したことがある。

問題は企業文化だ。ほとんどの企業は、悪弊を破壊することに及び腰で、野心的な夢も抱かず、「ギャップをつくっては埋めていく」姿勢も欠いている。おまけに、節度あるコスト管理を守るための日次、週次、月次の定型作業や慣行もないし、コスト面の野心を客観的な業績管理やインセンティブの制度に連動させることもない。

業績志向の企業文化を活気づける介入策

一度は活気が消え失せた企業文化をがらりと変えた企業はＡＢインベブだけではない。アラン・ムラーリーはフォード・モーターの企業文化を刷新し、驚異的な業績回復の立役者となった。

ピーター・コールマンはオーストラリアの石油・ガス会社ウッドサイドの復活を指揮した。ハワード・シュルツは自ら創業したスターバックスに舞い戻り、やや停滞気味だった同社特有の企業文化を活性化させた。

図表7-3

好業績文化を促進する3つの介入策

大志を掲げ、目的を明確化する

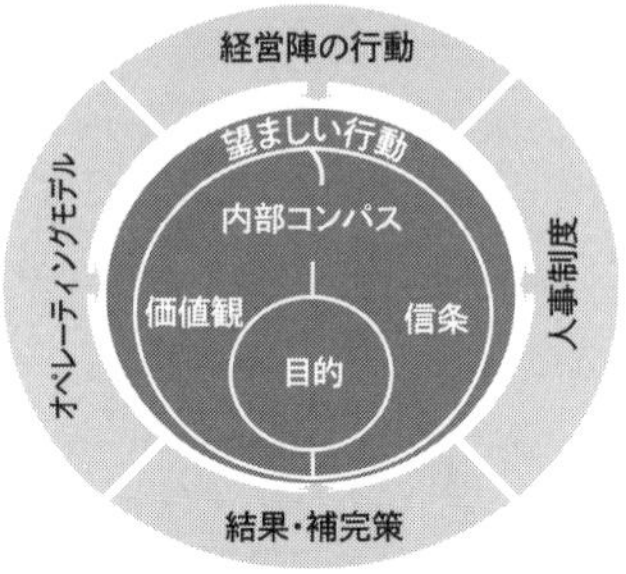

組織の力を伸ばし、全社員が当事者意識を持てるように大きな夢を掲げる。
各個人の職務と会社の対顧客使命のつながりをはっきりさせることにより、会社の目的を再活性化し、改めて中心に置く。

判断ポイント：会社の目的が毎日の社員の行動に生き生きと反映されているか。

主体的な取り組み姿勢をよみがえらせる

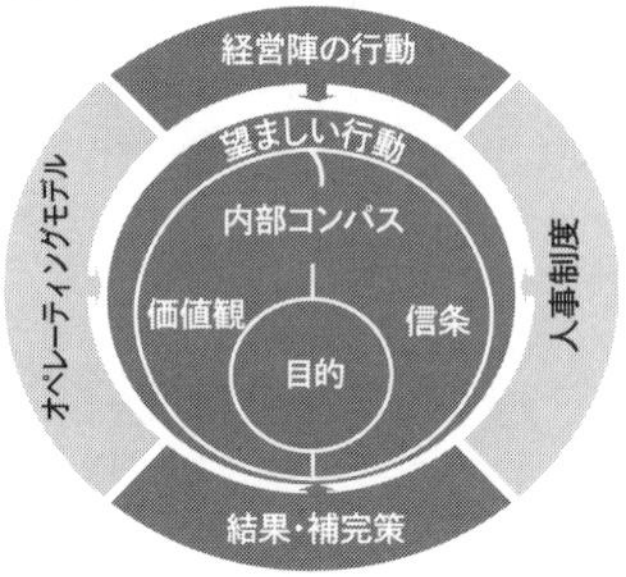

重要な局面で経営陣がロールモデルとなり、一貫して結果を重視する補完制度を促進することにより、文化を弱体化させる行動や慣行を阻止する。

判断ポイント：築き上げてきた企業文化は、当事者意識の薄い“借家人”の文化か、それとも当事者意識の強い“オーナー”の文化か。

仕事の進め方と人材計画をリセットする

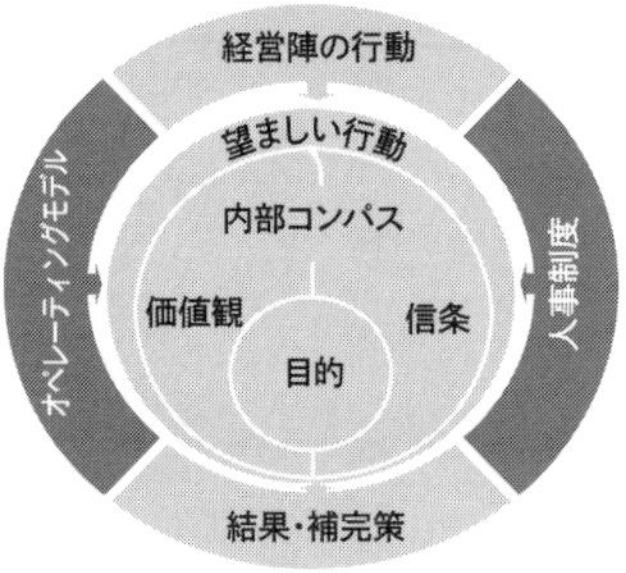

組織の“凍結状態”を解き、好業績につながる行動を経営モデルに組み込み、優れた仕事の進め方や人材管理制度を採用する。

判断ポイント：奨励し、組み込んでいるのは、企業文化を強化する行動か、それとも企業文化を弱体化させる行動か。

出所：ベイン・アンド・カンパニー

こうした取り組みの様子を丹念に調べていくと、いずれも図表7－3に示したように、3種類の介入行動が見られる。

苦境を救ったリーダーたちは、会社の戦略的な野望を前面に打ち出し、顧客あるいは社会のための大胆な使命に合わせた目的を掲げている。象徴的な意味でも、日常業務の面でも、重大な局面での〝建設的破壊〟を披露して見せ、主体的な取り組み姿勢と業績志向を呼び覚まし、フィードバック制度や結果重視の業績管理制度により、会社が重視する行動を強化していく。

また、会社のオペレーティングモデル、特に仕事の進め方をリセットして改革を反映させると同時に、人材管理制度を刷新してディファレンスメーカーを惹きつけ、社員の当事者意識を引き出すのだ。

介入策1　戦略的な大志を掲げ、会社の目的を再度明確化する

ベインが企業文化改革をテーマに2013年に実施した調査によると、企業が改革を促進する際に取りうる行動のうち、最も重要なものとして挙がったのは、大胆な野心と説得力あるビジョンを掲げることだった。

つまり、仕事の進め方を決め、個人やチームの使命に文脈を与える目的、価値観、行動を定義するのだ。通常、このプロセスは経営幹部から始めるが、同時に、他の社員全体を巻き込ん

でいく綿密な計画も必要となる。

じつはプロローグで紹介した大手透析事業会社ダビータの舵取りを担うことになったケント・ティリーも、まさにこの課題を抱え込んでいた。ティリーが経営を任されたのは１９９９年である。

当時、同社はトータル・レナル・ケアという社名で事業を運営していた。それまでの10年間に透析治療を手がけるトータル・レナル・センターズを10億ドル以上で買収するなど事業を急拡大させた挙句に、深刻な経営難に陥っていた。業界筋によれば、「治療拠点は４６０カ所に上ったが、業務の進め方も４６０通りあるほどバラバラだった」。

業界平均と比べて患者の予後は芳しくなく、社員の離職率も高かった。株主からは訴訟を起こされる始末で、政府が同社の治療拠点の捜査に乗り出すわ、年に６０００万ドル以上の赤字を垂れ流すわと惨憺たる状況だった。

バンク・オブ・アメリカのあるアナリストは「トータル・レナル・ケアは最低の会社だった。事業運営に注力するのではなく、次々に買収を仕掛けるだけだった」と指摘している。

ティリーをはじめとする新経営陣は、事業を安定化させるために迅速に動き、訴訟や捜査、止まらない赤字への対策を打った。それだけでなく、企業文化の刷新にも乗り出した。全米各地から７００人の幹部社員をアリゾナ州フェニックスに召集し、同社の使命と価値観について語りかけた。

また、社員全員参加で7カ月かけて新社名を選定した（「ダビータ」はイタリア語で「命を与える者」の意）。会社としての戦略的な野心を明確化し、その目的をリセットしたのである。ティリーは次のように記している。「ダビータのビジョンは、単なる透析事業会社で終わらない存在になることだった。たまたま会社形態で組織化されているだけのコミュニティであるべきだ。ダビータは透析事業を手がけるが、透析事業がすべてではない。ダビータは命を扱う場だ。当社のチームメートのために特別な労働環境をつくり出すことができれば、今度はチームメートが患者や家族のために特別な臨床・看護環境をつくり出すようになる」。

ティリーが先頭に立って進めた会社づくりでは、患者に対する責任感を高め、透明性があり非常に民主的な事業運営にこだわり、医療分野で働きたい有能な人材を惹きつける場をめざした。

その結果、社員の定着率が劇的に高まった。患者に対する医療の成果も以前と比べて大幅に改善され、ダビータの競合他社を上回るほどになった。財務面でも、ティリーがトップに就任して以来、株主にとっての価値を何十億ドルも高めることに成功した。

介入策2　主体的な取り組み姿勢を刺激する

理想とする目的、価値観、行動を定義あるいは再定義したら、行動面で改革したい事項のうち、最も重要なものをいくつか選んで定着させることに注力する。そのためには、過去に染み付いてしまった行動習慣や、企業文化に悪影響のある慣行の〝建設的な破壊〟に毅然とした態度で取り組まなければならない。

その際、2つの重要なポイントがある。まず経営陣がどのような行動やきっかけをつくれば、社員が望ましい行動をとる呼び水になるのか明確に決めておくことだ。そして結果に対して後押しあるいは修正のシグナルを送ることができるように、さまざまな結果（よい結果と悪い結果の両方）のパターンを想定しておく必要がある。

特に優秀なリーダーは、社員が自身の行動について重大な決断を下さなければならないような重要な局面を注視し、最も重要な要素を1つか2つ取り上げる。どういう意味か具体的な事例を挙げて説明しよう。

●1987年、米国のアルミニウム製造大手アルコアのCEOに就任したポール・オニールが最初に気づいたのは、職場の安全性確保が十分ではないことだった。

トップ自ら安全性確保というゴールに本気で取り組んでいる姿勢を社員に伝えるため、安全性に関わる事故が発生した場合には24時間以内にCEOに報告を上げるよう指示した。その結果、安全性は飛躍的に向上し、労災発生率は全米平均の25％にまで減少した。

●スターバックスを一度は退社したハワード・シュルツが約8年ぶりにCEOとして舞い戻った際、ある変化に気づいた。スターバックスでは顧客第一の視点でコーヒーを提供する独自のサービスに定評があったが、それがなおざりにされていた。

その代わりに時間当たりの注文処理量と売り上げを追い求め、業務の自動化とメニューの多様化を重視するようになっていたのだ。シュルツはすぐさま行動を起こし、軌道修正を図った。

2008年2月26日には、全米の7100店舗に3時間ほど店を閉めさせ、バリスタにエスプレッソのつくり方の再トレーニングを実施したほどだ。このようにきわめて象徴的な動きを見せることで、新CEOの意向に疑いの余地がないことをアピールし、またスターバックスを復活させるための条件をはっきりと示すことになった。

●2006年、業績回復をめざすフォードの経営を託されたアラン・ムラーリーは、業務運営の改革に向けて大ナタを振るった。ムラーリーは、非常に目立つ場で（後にCEOを引き継ぐことになる）マーク・フィールズを称賛した。重役会議で失策を認めた姿勢を評価してのことだ。

フォードでは前代未聞の出来事だったが、これが、新しい企業文化に求められる隠し立てのない誠実なコミュニケーションの空気をつくるきっかけになったのである。

ここに挙げた3つの事例にあるように、企業文化改革には経営陣の改革を伴うことも多い。現に、改革を上手に進める定石は経営陣の入れ替えだと信じて疑わない〝物言う投資家〟が多い。

さらに、上層部が変わらないのなら、結局は企業文化がまた力を失っていくいつものパターンに決まっていると社員が思い込んでいる場合、企業文化刷新プログラムを打ち出しても社員がなかなか本気で取り組もうとはしないものだ。

わたしたちの経験からいえば、企業文化の改革は経営陣の入れ替えがなくても実現できるが、その場合はいっそうの不断の努力が求められる。

経営陣の入れ替えがあろうがなかろうが、改革に取り組む以上は、企業文化を強化する慣行・行動を奨励し、企業文化を弱める慣行・行動に目を光らせなければならない。あれこれ手を広げた挙句に焦点の定まらない取り組みでは、失敗は目に見えている。

優れた企業文化の一部として先に挙げた7つの価値観を改めて確認してほしい。また、価値観を強めたり弱めたりする重大な局面で企業が講じる具体的な措置も再確認しておきたい（図表7-4参照）。

ベインのクリス・ズックとジェームズ・アレンによれば、著書『創業メンタリティ』のために実施した調査の結果、成熟の域に達した企業であっても、創業当時の起業家精神やエネルギーをよみがえらせる強力なアイデアが浮かび上がったという。

2人はこのアイデアを「マイクロバトル」（小さな戦い）と命名した。マイクロバトルは、きわめて限定的な競争を意味し、一般的には特定の地域の特定の顧客セグメントを対象に、特定の競争相手がいるなかで何らかの任務に取り組んでもらうのだ。

こうしたバトルは、企業が価値を反復的に創出していくモデルの基本となるものだ。このモデルは、会社の核となる分野を守りつつ、新たな分野を切り拓くうえで欠かせない。

このアイデアの肝は、マイクロバトルの場を見つけることよりも、マイクロバトルを戦うことにある。

具体的には、起業家精神溢れる機能横断型チームをいくつか編成し、各チームが独立して迅速にきびきびと使命を実行してもらう。

会社の組織を人体にたとえるなら、このような動きで心拍数が上がり、血の巡りが良くなる

	企業文化を強化する	企業文化を弱体化させる
協力的	・好業績の社員を集めたチームに権限委譲する ・多様性を受け入れ、建設的な緊張状態を保つことで、優れたアイデアが生まれ、じっくり検討できる体制を整える ・パートナーシップやコラボレーションによる波及効果を求めて外部に目を向ける ・適切なレベルの建設的な緊張感が生まれる組織構造、プロセス、討論の場を設けると同時に、こうした緊張感を即座に緩和できる仕事の進め方を確立する	・マネージャーや階層ごとに権限委譲する ・声の大きい人や最年長者に議論を支配させる。建設的で即効性のある緊張緩和策の導入を怠っている ・社内政治への対処による影響で、社内に目が向いている ・建設的な緊張感よりも、コンセンサスに重きを置いている
機動的	・責任感が希薄になり、スピードにブレーキをかけるような複雑な戦略・組織・プロセスを体系的に解消する ・業務遂行能力の変革に注力し、変革は、リーダーシップ、スポンサーシップ、努力が揃ってこそ実現できることを理解している ・臨機応変な原則や働き方を取り入れ、どのような場面で反復性のある日常業務に力を入れ、どのようなタイミングで斬新な働き方の採用に注力すべきかわかっている	・複雑な状態や官僚主義を放置し、組織の時間、人材、意欲を奪うような働き方を温存している ・意思決定後に計画を策定するだけで変化が起こると期待している ・個々の行動や慣行の方向付けは、計画、基準、経験・直感による判断、ルールに任せる
「人」志向	・業績と当事者意識に主眼を置き、相互に補強し合うオペレーティングモデルや人事制度を確立する ・社員を触発する顧客重視の使命に、企業の目的をしっかりと結びつける	・業績を犠牲にして当事者意識を優先させたり、逆に当事者意識を犠牲にして業績を優先させたりする労働環境をつくる ・信頼性に欠け、社員の日常生活の内容とはまるでかけ離れた目的を掲げる

図表 7-4

7 つの普遍的価値観

	企業文化を強化する	企業文化を弱体化させる
革新的	・データ重視主義にのっとってリスクを取る行動に出た場合は、たとえ結果が期待どおりでなかったとしても、努力を認め、賞賛する ・制約を設けずにアイデアを検討する時間や場所を用意する	・十分な情報に基づいてリスクを取る行動に出たにもかかわらず、結果が思わしくなかったために担当者が解雇される ・大胆な発想や未来から逆算した発想ができなくなるほどに、リソースや時間に制約を設ける
高い志	・達成できるかどうか 100％の確信がない目標を設定する	・年度計画や業績契約に達成可能な目標を設定し、社員のモチベーション低下を恐れて一貫して賞与を支払うことを保証する
誠実	・既成の倫理基準に 100％従う ・いったん特定の方針が選定されたからには、異議のある者も含め、全参加者による完全遂行の体制の下、アイデアは公の場で披露・議論する	・些細な倫理上の誤ちを見逃す、あるいは社会規範に反する好業績社員を雇用し続ける ・役員による企画案の握りつぶしや消極姿勢による不服従が許される
責任感	・自律性と責任の所在の適正なバランスづくりに熱心に取り組む ・機動性の高さを確保しつつ、責任の所在を曖昧にしないオペレーティングモデルや仕事の進め方を確立する ・誓約や意向ではなく、成果を称える評価・報奨制度に注力する	・過剰な指示や測定、細かい管理の経営慣行を採用する ・オペレーティングモデル上、責任の所在が曖昧すぎるまま、チームワークやコラボレーションによる課題解決に頼っている ・平等主義に立った横並び評価・報奨制度

のだ。また、会社に現状打破の使命感を刺激する促進役となる社内起業家を育む可能性もある。

介入策3　仕事の進め方と人材計画をリセットする

とはいえ、通常の慣行を破壊するにはまだ十分とはいえない。よく言われるように、組織が変わるのではなく、人が変わるのだ。つまり、行動のあり方を修正する必要があるのだが、行動を変えるのは容易ではない。ほとんどの人にとっては、体に染み付いた行動習慣を変え、新しい習慣を維持することはなかなか難しい。

たとえば年のはじめにスポーツクラブがごった返していても、翌月が終わるころにはガラガラなのを見てもわかる。会社が社員に変われと迫っても、何度も同じ壁に突き当たり、再三再四、変われと号令を繰り返すことになる。

では企業が講じる措置で、当事者意識ややる気を確実に引き出すにはどうすればいいのか。企業文化を強化する属性はテコ入れし、企業文化を弱めるような属性は排除することを念頭に、オペレーティングモデルや人事制度の各要素を体系的に固めていくことが大切だ。

そのような措置には以下のような重要なステップが含まれている。

●マトリックス組織のために責任の所在を曖昧にさせない

業務の成果1つひとつを特定の個人やチームに帰属させ、めざす結果を出すための経営資源、責任の所在、権限を付与する。

●経営幹部から現場の社員までの距離を近づける

ポイントは抜本的な階層削減だ。こうすることで、指揮命令系統の中にいる全社員に権限を委譲し、それぞれの責任範囲を広げる。

●垣根を取り払う

より親近感が持てる職場になるよう物理的な労働環境を改革する。社員の協業を阻む垣根を取り払い、上層部が他の社員と直接接触できる環境を整える。

●必要に応じてフェース・トゥ・フェースも取り入れる

遠隔勤務やバーチャルな会議が多くなりすぎると、人間同士の結びつきの弱体化や企業文化の風化を招く。

●プレゼンではなく議論を

一度立ち止まり、前述のパワーポイントのプレゼンを思い出していただきたい。通常、社員はプレゼンのファイルにナンバーを付け、バージョン管理をしている。では、現在バージョンはいくつになっているのだろうか（そろそろ2桁になっているのでは？）。

そのプレゼン・ファイルの作成にかかった延べ作業時間は、いったい何千時間に達し、また、それだけの価値があったのだろうか。普通は、顧客や現場に近く、十分な情報を持つ社員同士の議論のほうが、パワーポイントのスライドを何枚も用意するよりはるかに価値がある。

●「わからない」を責めない

一部の企業では、上長からの質問に対してマネージャーが答えられないことは最大の罪だという。だから当然のように誰もが会議のたびに準備過剰になり、聞かれもしない質問を想定して何千時間も無駄にしているのだ。

●リスクを取ることを奨励する

会社にとって実験から学べるものがある。『超予測力』（フィリップ・E・テトロック、ダン・ガードナー著）という書籍で解説している上手なリスク管理の原則は参考になる[5]。感情や直感ではなくデータと論理を使う。どこで正しい結論あるいは間違った結論に至ったのか把握しておく。確率を検討し、自らの想定を厳しく検証する。可能であれば、試行錯誤しながら学ぶ姿勢で、未知のものを排除し、不確実性を取り除いていく。

●人事制度を刷新する

ここで挙げたような行動を実践できる（と同時に周囲のやる気を奮い立たせる）人材を発見・育成・昇進できる人事制度に変更する。

動画配信大手ネットフリックスの有名な人事読本には「どのような社員が報奨され、昇進し、クビになるのかを見れば、その企業の本当の価値観がわかる」とある。このような制度の重要な柱となるのが、自社に必要な行動特性（第4章を参照）の定義だ。

わたしたちは本書を通じて、会社レベルでも個人レベルでも変革を起こす必要があると訴えてきた。個人が組織に影響を与え、組織が個人をつくる。これは特に企業文化に当てはまる。

個人の行動習慣が積もり積もって企業文化が形成されるが、その行動は会社の目的や価値観、信条、仕事の慣行に大いに影響を受けているからだ。

この章では、好業績志向の当事者意識溢れる企業文化を醸成する処方箋を紹介しているが、導入に当たっては、それぞれの企業固有の環境や戦略に合わせて柔軟に解釈したうえで適応する必要がある。また、組織内の社員構成に合わせて適応しなければならない。

だが、そのようなカスタマイズが必要だとしても、基本的なメッセージが曖昧になってはいけない。組織の官僚主義や管理職の階層に押さえつけられ、主体的な取り組み姿勢と貢献意欲が眠ってしまっている可能性があるからだ。

そこで、主体的な取り組み姿勢を育み、貢献意欲に応えられる企業文化を醸成すれば、自発的な意欲や熱意が解放され、１００倍ものリターンが期待できる。

【まとめ】勝てる企業文化を醸成・回復するための3つの方法

1 戦略的な野望を掲げ、顧客や社会のための使命に合わせて会社の目的を掲げよ。会社の目的が社員の行動に毎日はっきりと見て取れるかどうか自問自答する。

2 象徴的な意味でも日常業務の面でも、重要な局面での〝建設的な破壊〟を通じて、主体的な取り組み姿勢と業績志向を呼び覚ませ。フィードバック制度と結果重視の業績管理制度により、望ましい行動を促進する。

3 変革に向け、会社のオペレーティングモデル、とりわけ仕事の進め方や人事制度をリセットせよ。ディファレンスメーカーに魅力的に映るように、人材獲得戦略、経営陣の行動特性、人材管理制度を刷新する。企業文化を強化することを奨励できているか、改めて自らに問いかけてみる。

好循環を生み出す

組織の生産力は戦略的に最も重要な資産といえる。大企業が今日直面している3つの試練について考えてみよう。そのすべてが同時に襲ってくれれば、持続的成長を求める経営陣にとっては究極の嵐のようなものだ。この試練に的確に対処するためには、生産性の高い組織でなければならない。

まず1つ目の試練は、言うまでもなく景気循環だ。残念ながらわたしたちは正確な予測ソフトを持ち合わせていないので、たとえば読者が本書を手に取るころに世界は景気循環のどの局面にあるのか予測しようがない。だが、経営幹部は常に景気下降の可能性あるいは現実を突きつけられる。

全米経済研究所のデータによれば、1919年以降、景気循環の平均期間（谷から次の谷まで）

は6年未満である。最短は3年未満、最長は10年強だった[1]。準備を怠れば壊滅的な結果を招きかねない。

椅子取りゲームのようなものでそれまで軽快に流れていた音楽が2008年に突然止まり、気づいたら椅子すらなかった気分はどんなものだったか。ラスベガスやマイアミ辺りの不動産開発業者や不動産賃貸業者に聞いてみるといい。

景気循環とまったく無縁でいられる組織はないが、それでも生産性の高い社員がいる企業は、生産性の低い競合他社よりも上手に景気下降局面を乗り切ることができる。

ベイン・アンド・カンパニーのパートナーが、景気混乱期の企業各社の業績を調べたところ、最高水準の生産性を持つ企業が下降局面に突入した場合、通常、下降局面を脱した後に以前より強力な業界における地位を獲得していることがわかった。

こうした企業は往々にしてライバルの弱体化につけ込み、下降局面で市場シェアを拡大させ、次の上昇局面でこのシェアを維持していたのである[2]。

組織の生産力は、全体的な生産性の長期にわたる低下という2つ目の試練に見舞われた際にも効果を発揮する。このいわゆる「長期停滞論」については研究者やエコノミストらの間で賛否両論があるが、いずれにせよ、その妥当性は国によっても業界によっても大きく異なる。

だが、統計のなかには無視しがたいデータもある。全要素生産性と呼ばれる指標があるが、エコノミストの定義によれば、ＧＤＰ成長率から資本と労働の増加による寄与率を差し引いたもので、要は（資本や労働の増加で説明のつかない）イノベーションや技術進歩の効果を示す指標である。

ノースウェスタン大学教授のロバート・ゴードンは『The Rise and Fall of American Growth』という著書のなかで、この全要素生産性が高い状態は当たり前のことではなく、むしろ例外的であり、１９７２年までの80年間よりも、過去50年間（ただし１９９６～２００４年を除く）のほうが40％近く低いと述べている。

これは今後も全要素生産性が低い状態のままであることを意味するのだろうか。これればかりは誰にもわからないが、多くの業界でＣＥＯは、将来、イノベーションが遅々として進まなくなる可能性を軽視している[3]。

もし生産性の継続的な伸びをイノベーションに頼れなくなるとすれば、人材マネジメントの重要性はさらに大きくなる。社員の質で業績の基準ラインが決まる。優れた人材がいればいるほど、この基準ラインも上昇する。

人材をどのようにチーム編成して統率し、どう配置するかで、生産性の伸びを維持できるかどうかも大きく変わってくる。これればかりは外部要因に依存しない。

第３の試練は、本書ですでに何度も触れているのだが、あり余る財務資本である。なぜ資本があり余っているかといえば、世の人口構成から見て、貯蓄額がピークに達するような世界経済になっているからだ。

ベインのマクロトレンド・グループの予測によれば、純貯蓄額が最も大きい年齢層（45〜59歳）は２０４０年ごろまで増え続ける見通しだ。少なくとも今後20〜30年は、あり余る資本が希少なアイデアを巡って争奪戦を繰り広げることになりそうだ[4]。

このような環境で価値を生み出す投資先を見つけ出すことは、かつてないほどに困難になっていて、今後もこの傾向は続く見通しだ。だから他社が真似のできない能力や資産、鋭いアイデアに重点投資できる企業が繁栄することになる。こうした要素はすべて優秀な人材に依存している。

それはつまり、当事者意識をフルに発揮し、官僚主義に縛られることなく自発的に活動できる人材だ。アップルの元人事担当最高責任者のダン・ウォーカーが言うように、「人材は組織の根本的な資産」なのだ。

こうした試練は、企業の力でコントロールできるものではない。だが、試練への対応方法はＣＥＯや経営陣がいくらでもコントロールできる。特に希少な経営資源である時間、人材、意欲をどのようにマネージして、競合他社より優位に立つかは経営手腕にかかっているのだ。

ところが困ったことに、今日の環境では、この希少な経営資源を活用することも困難になっているのである。

まず、時間管理を考えてみよう。成長を望む企業は、新しい顧客層や製品、サービス、対象地域を次々に増やしていく。また、資金力を背景に、買収というかたちで成長を追い求めるようにもなる。

だが、事業の要素が増えれば増えるほど、組織は複雑化する。ちょっと油断すると、官僚主義による大企業病が社員の貴重な時間を奪い、せっかくあれこれ手を尽くして実現してきた成長が蝕まれていく。

また、コラボレーション促進を前提に組織の構造・慣行を一新した場合も、このような問題が生じやすい。現在、個人のネットワークや権限委譲を受けたチームによる緊密なコラボレーションへの依存度が高まっていて、表面上は、数々の電子ツールでこうしたコラボレーションが簡単に低コストで実施できるようになっている。

だが、気を抜くと、社員が重度のコラボレーション過剰に見舞われる。最新テクノロジーが実現する仮想会議やメール、インスタントメッセンジャーなどのコミュニケーション手段の洪水に飲み込まれてしまうのだ。

人材・能力のマネジメントもますます難しくなっている。生涯同じ会社で働こうなどと思っている社員はもはやいないし、近所に急成長企業があればそちらに社員の気持ちが傾くのは無理もない話だ。

実際、有能な人材は以前にも増して流動性が高くなっている。リンクトインなどのビジネス系交流ネットワークやモンスターなどの求人求職情報サイトのおかげで、キャリアアップの機会は以前よりも見つけやすくなっている。グラスドアやボールトといった企業レビュー・口コミサイトでは、実際の企業の内情を垣間見ることができる。

その結果、転職や企業について豊富な情報が入手できるようになっている。ということは、違いを生み出せるような優秀な社員（ディファレンスメーカー）は、流動性が高くなるとともに、勤務先に見切りをつける可能性も高くなっていて、転職を繰り返しながらキャリアアップを図っていくことも少なくない。

ディファレンスメーカーを失うということは、こうした人材を最もインパクトのある職務に配置し、チームに加えることができなくなることを意味する。会社にとっては、きわめて重要な競争力を失うのである。

社員の意欲のマネジメントは、人口動態や社会学的なトレンドに最も左右されやすい。先進国では、ベビーブーム世代やその次の世代に当たるジェネレーションX（いわゆる団塊ジュニア）からミレニアル世代へと、世代交代が進んでいる（米国国勢調査局によれば、ミレニアル世代はすでに全人口のなかでベビーブーム世代を抜いて最大になっている）。

一方、生産性の伸びは停滞気味なうえに所得格差が広がっているため、多くの人々にとって経済的な繁栄という夢はくじかれている。このような背景のなか、働き方や仕事量、そもそもなぜ働くのかといったことも含めてがらりと変わっており、労働者と仕事の関係に重大な変化が見られる。

このため、彼らが職場環境において重視するニーズも複雑化している。このようなニーズに的確に応えられる企業であれば、自発的な意欲を上手に引き出すことができ、相対的な生産性にそれ相応の効果がもたらされる。

成果と当事者意識を促進する企業や企業文化を築き上げれば、ディファレンスメーカーをつなぎ留めることができる。逆にそうしなければ、最も有能な社員は辞表を書き始めることになる。

こうした希少な経営資源をマネージすることは難しいが、それぞれの要素が相互に補完し合って好循環を生めば競合他社を圧倒できるのだから、本腰を入れて取り組む価値は大きい。

これこそ、本書で先に紹介した傑出した企業が上手に生かしているポイントなのだ。

車輪のイメージで考える

本書では、時間、人材、意欲という組織の3つの要素を解説してきた。この3要素は相互に作用し合うため、いずれかの要素に関して実施した措置は、必ず他の要素にも影響を及ぼす。組織を、回転する車輪のイメージで捉えるとわかりやすい。経営陣の施策次第で、回転速度が上がることもあれば、逆にブレーキをかけてしまうこともある（図表8-1参照）。

車輪にたとえた組織がどのように回転するのか説明しておこう。生産力のレベルは、会社の労働力の質で決まる。優秀な人材で構成されている会社は、平均的あるいは平凡な社員ばかりの会社よりも大きな生産力がある。チームの編成や配置には戦力の増幅効果があり、組織の生産力向上につながる。

官僚主義がなく、フットワークのいい組織では、社員が時間を無駄にすることなく大きな成果を生み出すことができる。仕事に明確な目的があり、そこに価値を見出すことができれば、社員はますます当事者意識を高める。経営陣が自らの仕事の目的を単に業務管理でなく、社員を奮起させることでもあると認識していれば、社員は会社や顧客、ステークホルダーに対して

図表8-1

組織の業績を生み出す「車輪」

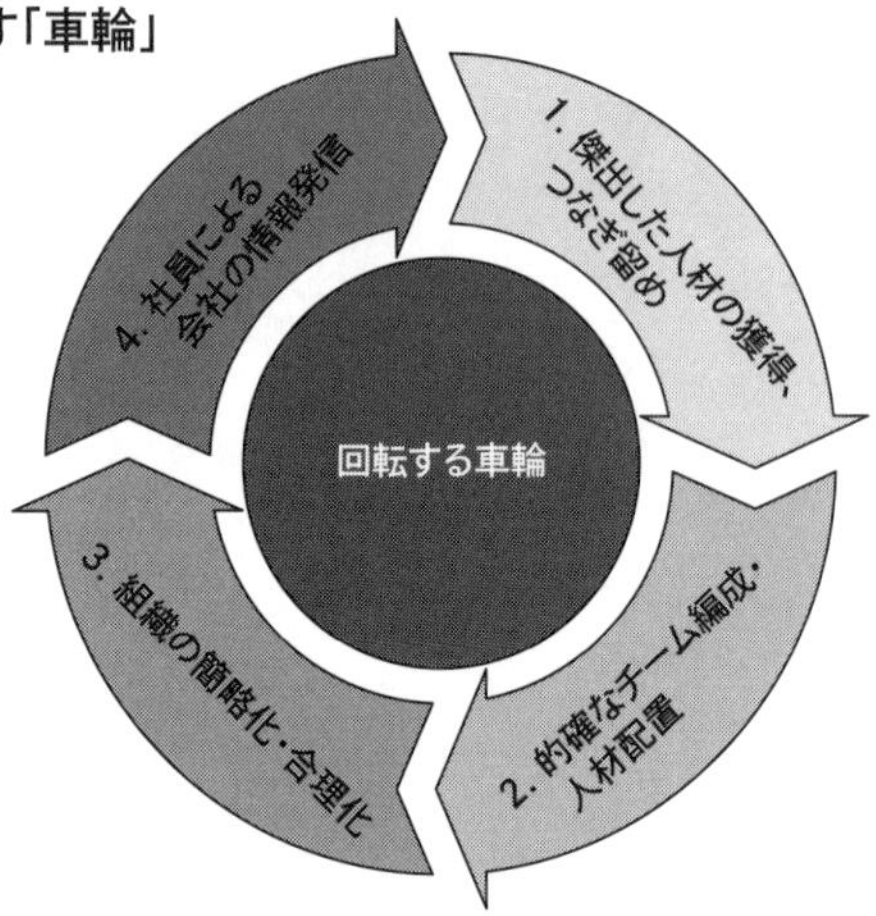

出所:ベイン・アンド・カンパニー

自発的な意欲をもっと発揮するようになる。

このような条件が揃えば、車輪は勢いよく回り出し、官僚主義の邪魔も入らず、組織の生産力にさらに拍車がかかっていく。

本書でわたしたちが提唱してきた全体のアプローチは、車輪が回る際の抵抗を減らし、大企業病を抑える効果がある。また、回転をパワーアップし、各要素同士が補強し合うことで勢いが強まるのだ。

●時間

大企業病が抑えられ、組織が簡素化されれば、会社の生産力を向上させる直接的な効果がある。何か大きなことを成し遂げようとする際に邪魔が入らないからだ。官僚主義と無縁の組織では、社員の当事者意識が高いことが多い。すぐに口コミで広がるので、有能な人材が参加したくなる。

●人材

最も効果がある職務にディファレンスメーカーを多く配置している組織は、生産性も高い。Aクラス人材を他の人材と組み合わせてチームをつくり、最適な職務を選んで配置すると、生産力は幾何級数的に増加する。同様に重要なことだが、有能な人材が官僚主義や無駄を大目に見ることなどない。こうした人材によって大企業病は抑制される。有能な人材が他の人材を奮起させるため、社員が毎日の仕事に意欲的に取り組むようになる。

●意欲

意欲のある社員は、少ない労力で大きな成果を上げる。これが周囲のやる気を奮い立たせる社員になると、さらに成果は大きくなる。

特にサービス業の場合、サービスを利用した顧客に感動体験を与えるのが、こうした社員だ。さらに、当事者意識の高い社員がいる企業は、働きがいのある企業としての評判を得る。優秀な人材を獲得して、つなぎ留めやすくなる。

生産力を構成する3つの要素である時間、人材、意欲は相互に作用し合うため、企業は並外れた成果を上げることができる。

いくつか例を挙げよう。当事者意識もやる気もある社員は、顧客に対してだけでなく、将来入社するかもしれない人材に対しても、きわめて強力な会社の代弁者になってくれる。自社を売り込むのは、紹介料がもらえるからではなく、会社のことをよく知ったうえで信頼を寄せており、できれば友人たちにもここで一緒に働いてほしいと本気で願っているからだ。

ドクター・ジョン・サリバン&アソシエーツの調査によれば、社員による紹介のほうが就職希望者は多く集まり、質も高くなるだけでなく、採用率も高いうえ、採用コストは低く、採用後の定着率もいいことがわかった[5]。

たとえば米格安航空会社ジェットブルーでは、顧客サービス担当スタッフの多くがユタ州ソルトレークシティに住む子持ちの元専業主婦で、土地柄、ほとんどがモルモン教徒でもある。当然、お互い顔見知りだ。

グーグルでは、社員による人材紹介を奨励する際、非常に科学的な手法を取り入れた。漠然とした人材紹介を社員に呼びかけるのではなく、非常に具体的な紹介を呼びかけたのだ。

グーグルの人事担当役員のラズロ・ボックは、著書『ワーク・ルールズ!』で次のように説明する。

「具体的な職務を挙げて、推薦したい人材はいるかとグーグル社員に問いかけたのです。たとえば、いままで一緒に仕事をした人たちのなかで最高の財務担当は誰だったかとか、（プログラム言語の）Rubyを使わせたら右に出る者はいない優秀な開発者は誰かといった具合です。『誰かいい人材はいないか』といった大きな問いかけを詳細にして『ニューヨークで営業を任せられる優秀な人材を誰か知らないか』といった扱いやすい問いかけに具体化しました。そのほうが、質の高い人材の紹介が多く集まりやすいのです」。グーグルがこのテクニックを使うようになってから、社員による紹介件数は3割以上増えたという[6]。

当事者意識や主体的な取り組み姿勢を刺激する企業文化のほうが、優秀な人材を獲得しやすい。採用後も、配属されたチームで成果を発揮しやすいのである。

ベイン・アンド・カンパニーでは、優秀な人材を惹きつけ、当事者意識ややる気を大いに引き出し、配属先のチームで優れた成果を上げてもらえる企業文化が醸成されている。

その証拠に、グラスドア、ボールトといった企業レビューサイトや、業界誌の『コンサルティング』などで「働きがいのある会社」にたびたび選定されている。時が経つにつれてベインを推奨する声が増え、これが採用活動を後押ししている。

ベインが採用している有能な人材は、仕事を進めるうえで組織上の障害物があれば容赦なく声を上げる。官僚主義の排除ややり取りの効率化を経営陣に迫るのである。同僚との協業に当たっては効果的な進め方を要求する（彼らは、会議においしいクッキーやサンドウィッチが出るかどうかで良し悪しを判断しない）。その結果、的外れな会議や不要なメール、くだらないインスタントメッセンジャーは減る。

ベインでは、顧客の使命を効率的に実行するうえで邪魔になるものがあれば、例外なく問題視して変更を加える。しかも、こうした障害物排除の取り組みは、トップダウンで指示されるのではない。入社間もない社員が声を上げることも少なくないのである。よって大企業病が深刻になることはない。

本書で取り上げた企業なら例外なく組織の構成要素間の相乗効果を目の当たりにしているはずだ。前述の車輪の例でいえば、回転速度に拍車をかける相乗効果である。

当事者意識のある社員であれば、企業が業務の簡素化を進める際に後押ししてくれる。時間を無駄にする原因を取り除くことは、生産性の高い企業文化の醸成に寄与する。

ここまでくると、多くの企業が組織の悪循環ではなく好循環に入ったと気づくはずだ。こうなるとしめたもので、以前なら不可能と思っていたことが実現できるようになるのである。

ＣＥＯなど経営幹部にとって、社員の時間、人材、意欲のマネジメントはかつてないほどに重要になっている。これができなければ、競争に勝つことは難しい。いや、生き残りさえおぼつかない可能性がある。

本書で紹介してきたアイデアが少しでも大企業病克服の指針となり、組織の生産力を取り戻すきっかけになることを願ってやまない。やがては成功をつかむ鍵となるはずだ。

「まさにこんなことが起こっている！」

自分の属する組織・企業のことを思い浮かべながら本書を読み進み、そのような想いを持った読者は少なくないのではないだろうか？　「Time（時間）」「Talent（人材）」「Energy（意欲）」に対し、「大企業病」「人材の適材不適所」「モチベーションモンスター」は大なり小なりどの組織でも起こり得る課題なのだから。

日本の組織生産力は危機的な状況

本書日本語版の刊行にあたり、ベインとプレジデント社が合同で売上５００億円超の日本企業のマネジメント層を対象に組織生産力の調査を実施したところ、４６０を超える回答を得た。その結果はショッキングなものとなった。

日本企業の組織生産力指数は平均で92にとどまり、グローバル平均の１１３を大きく下回る結果となったのだ。

この結果の意味するところはきわめて重大である。

●日本企業はもともと組織の持っている生産力キャパシティをマネジメントの拙さによって（8ポイント）棄損させている
●組織生産力のグローバル平均との差は単純計算21ポイント、倍率にして1・2倍となる
●あくまでシミュレーションであるが、仮にこの組織生産力を複利で計算した場合、5年間でグローバルは184、日本企業は66となり、その差は2・8倍へと増幅する

図表J－1を参照頂きたい。日本企業の平均組織生産力は、時間・人材・意欲（TTE）のすべての要素でグローバル平均を下回っている。

●Time（時間）は大企業病によって32ポイント棄損。これはグローバル平均に比べ11ポイント劣る
●Talent（人材）での回復は8ポイントにとどまり、グローバル平均より2ポイント劣る
●Energy（意欲）の回復は16ポイントと、グローバル平均より8ポイントの差をつけられる

日本企業の特にホワイトカラーに関しては、先進国でも「働きすぎ」といわれる労働時間の長さや有給休暇取得の低さなど、その低生産性についてこれまでも指摘されていた。本調査に

図表J-1

グローバル

組織生産力指数

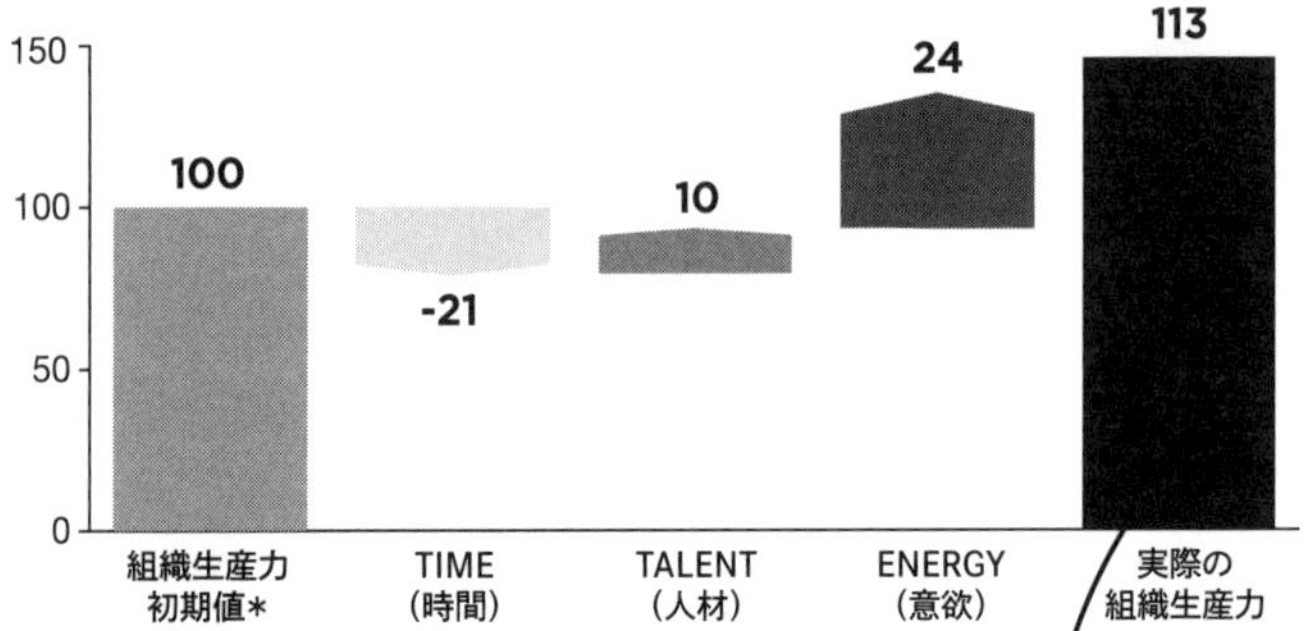

＊概ね満足し、生産的な労働に所定の時間を100%使える社員が
平均的な割合で存在する場合の組織の生産力を100としている

出所:ベイン/EIU合同調査 (N = 308)

日本

組織生産力指数

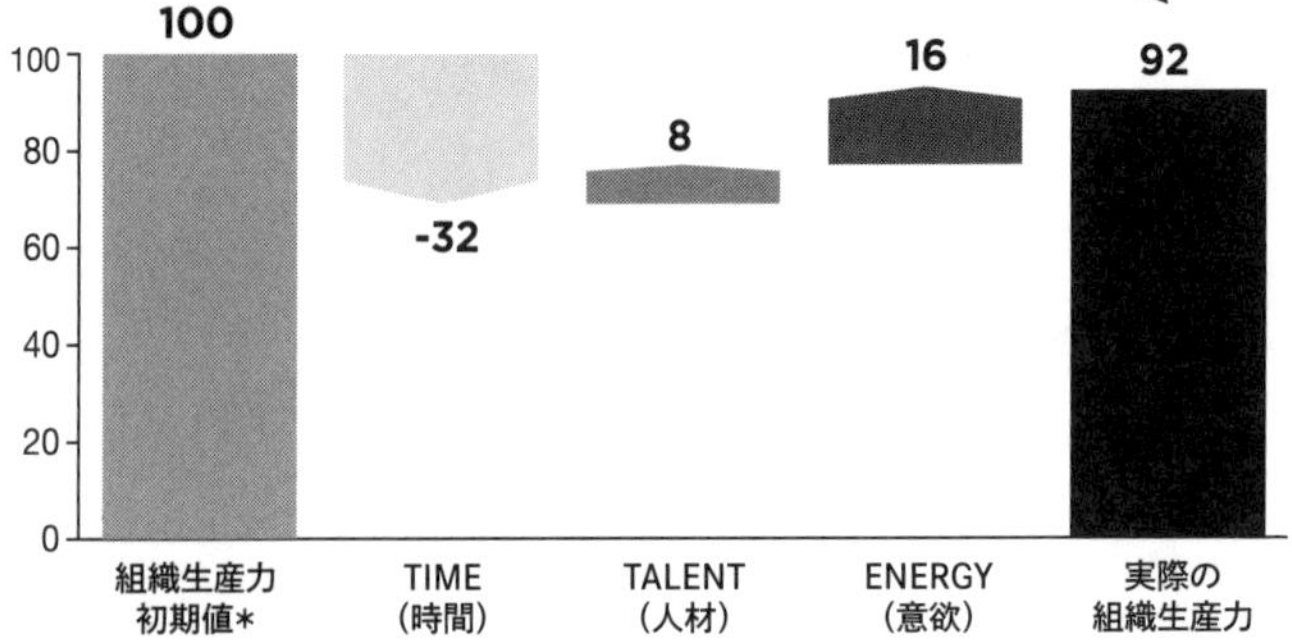

＊概ね満足し、生産的な労働に所定の時間を100%使える社員が
平均的な割合で存在する場合の組織の生産力を100としている

出所:ベイン/プレジデント合同調査 (N = 462)

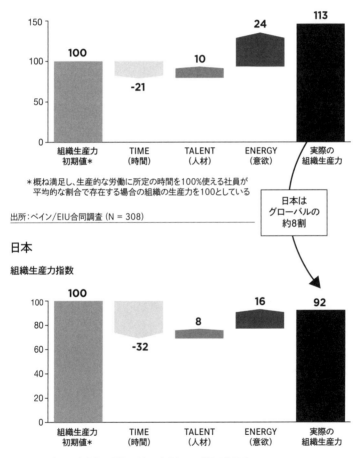

より、日本企業はTTEの3要素のすべてにおいてきわめて深刻な課題を突きつけられていることが浮き彫りになった。

事業環境を俯瞰すると、企業の戦いがさらにグローバル化し、事業サイクルはますます短縮している。そうなると、グローバルの競合と日本企業との組織生産力の差が複利のインパクトとなってのしかかってくる。よって、その差がいままで想像できなかった期間であっという間に取り返しがつかなくなってしまうのだ。

いったい日本企業に何が起こっているのか

日本企業はかつて会社組織力の高さを強みの源泉とし、高度成長を支え、世界を席巻した。そこでは「コンセンサス」「家族主義」「モーレツ社員」などのキーワードがよく挙げられていた。TTEの枠組みで捉えてみると、次のように言えるだろう。

時間(Time)　コンセンサスを生むために時間をしっかりかける一方、長時間労働もいとわず、アウトプットに使う時間も確保していた

人材(Talent)　決められた方針に対し、高品質でやり遂げる高いエグゼキューション能力と

それを支える「平均点の高い社員」。右肩上がりの成長過程でローテーション人事で幅広い経験と社内ネットワークを積むことの効用が高かった
やりがいを支える会社への高い帰属意識。コンセンサスからくる個々の強いオーナーシップ。高度成長、キャッチアップの過程で成果への実感も強かった

意欲（Energy）

一方、この「強い日本モデル」は以下のことが前提となっていたともいえよう。

- 終身雇用からくる安心感を伴った強い帰属意識（高い意欲と長時間労働を支えた）
- 年功序列から、優れた人材への評価・報酬での突出した対応やリテンションリスクを心配する必要なく、またローテーションで平均点の高い人材を育成
- 社内のすり合わせとそれを許容できる事業サイクルの余裕。国内市場のマクロ成長から、似たモデルを持つ国内競合を意識したマネジメント手法

このような日本企業は個の力が結集した強力な組織であり、強い組織生産力を発揮していた。

では、なぜいまや日本企業の組織生産力がグローバル平均を約20ポイントも下回るようになってしまったのか。失われた20年を経過し、事業・競争環境は大きく変化し、かつての前提

はもう成り立たなくなっている。

●「日本市場のマクロ成長の終焉」は国内市場における拡大に限界をもたらし「グローバル化」が加速

●「グローバル競争の激化」と「事業サイクルの大幅短縮」から「勝者総取り（Winner takes all）」の時代へ。内向き、平均点型の人材では勝利し続けることはもはや限界

●「リストラの断行」「終身雇用の崩壊」「従業員ベースのグローバル化」が「従業員の価値観の多様化」と「帰属意識の低下」を加速

調査結果から、日本企業に突きつけられていることは、経営の仕組み、組織マネジメントのリーダーシップが本質的に時代に追いついていないということだろう。

時間（Time）　大企業病が蔓延。むしろかつてよりも状況は悪化。内部の調整にエネルギーを取られ、スピードの鈍さが致命傷となる

人材（Talent）　平均点の高い集団による一糸乱れぬ実行から、多様性に富んだ高度人材を価値創造・イノベーションに取り組ませるには、「悪平等」ともいえる人材マ

ネジメントの実態が足かせ。例えば、グローバル人材を「外部積極採用」するものの、「出る杭は打たれる」人事制度や文化を引きずって、かえって採用した人材がやる気を持って仕事に取り組めず、すぐに退職することも見受けられる

会社・組織への帰属意識がいまや最低レベルの日本企業だが、人材流動性は依然として低く、「面従腹背」「低意欲」の人員が増加。たとえば、「働き方改革による会社と個々の社員間のケア」を標榜するものの、大企業病の会議や決められない文化、さらに雇用や給与に皺寄せがくる「実力主義」に、従業員たちが失望したり疲弊したりということになりかねない

意欲（Energy）

「決められた方針をエグゼキューション」していればよかった時代から、「イノベーションを起こし、スピーディに方針を立てて実行・判断」することが勝つためにきわめて重要になっている。日本企業にとって組織マネジメントの本質を抜本的に改革することは不可欠だが、その徹底度や改革の度合はグローバル競合に比すればまだまだ不十分ともいえよう。

明るい兆し

日本企業調査において優良企業（生産力指数で上位4分の1の企業）とそれ以外の企業（下位4分の3）を比較すると、さらに興味深い結果が見えてくる。（図表J－2）

日本企業は、それ以外の企業（下位4分の3）の組織生産力が77に対し、優良企業は137と元々の生産力を1／3強上回る力を発揮している。

優良企業における日本とグローバルとの比較では、差は7ポイントにとどまり、ベストパフォーマーの実力は遜色ない。これは日本企業でも組織マネジメントの巧者はその実力を発揮しているということであり、多くのお手本となるであろう。ただし、気になるのは、大企業病のマイナスインパクトで、日本の優良企業がマイナス23と、グローバルの優良企業より10ポイント劣後する。日本の大企業病は優良企業においても影を落としている。

一方、それ以外の企業（下位4分の3）における比較は深刻だ。グローバルのそれ以外の企業（下位4分の3）の平均組織生産力は102であり、元来のキャパシティ通りの生産力を発揮している。一方日本のそれ以外の企業（下位4分の3）は77でそのキャパシティを23ポイントもマ

図表J-2

優良企業（上位4分の1）vsそれ以外の企業（下位4分の3）

グローバル

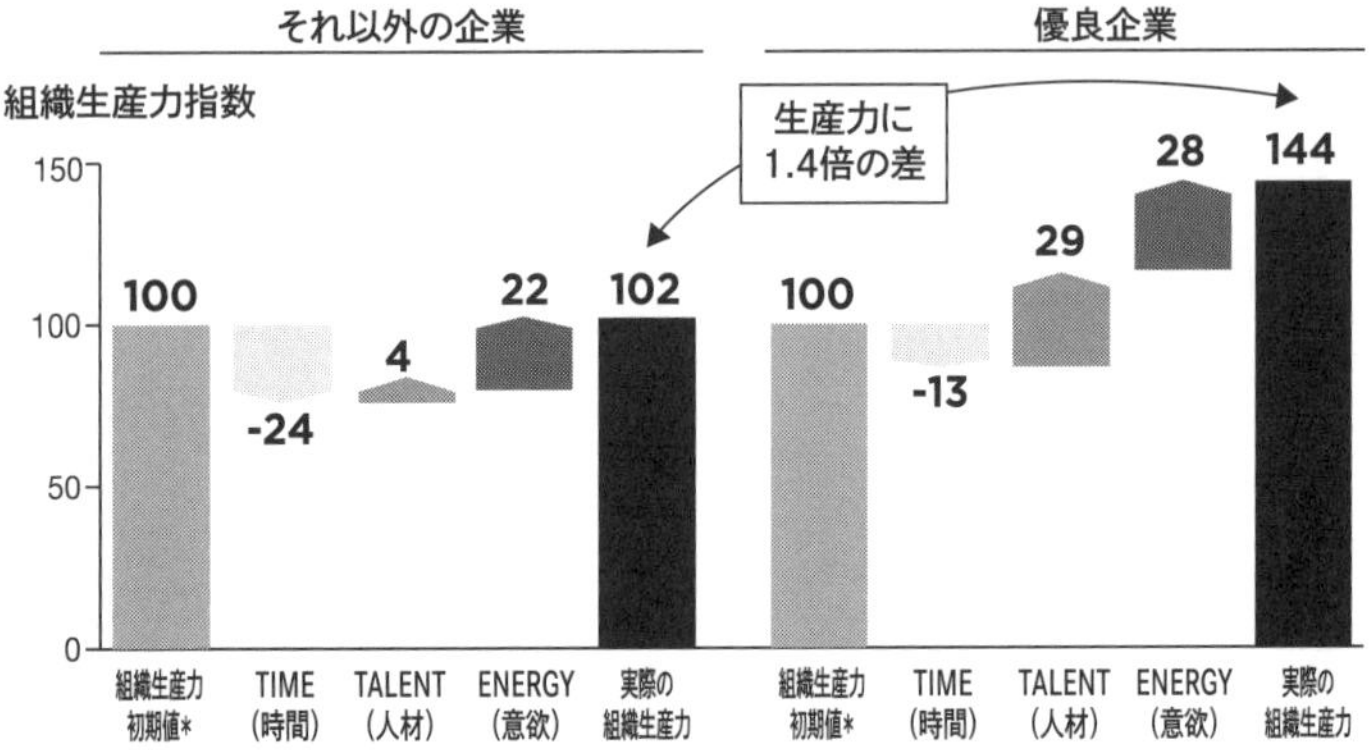

＊概ね満足し、生産的な労働に所定の時間を100%使える社員が
平均的な割合で存在する場合の組織の生産力を100としている

出所：ベイン/EIU合同調査（N = 308）

日本

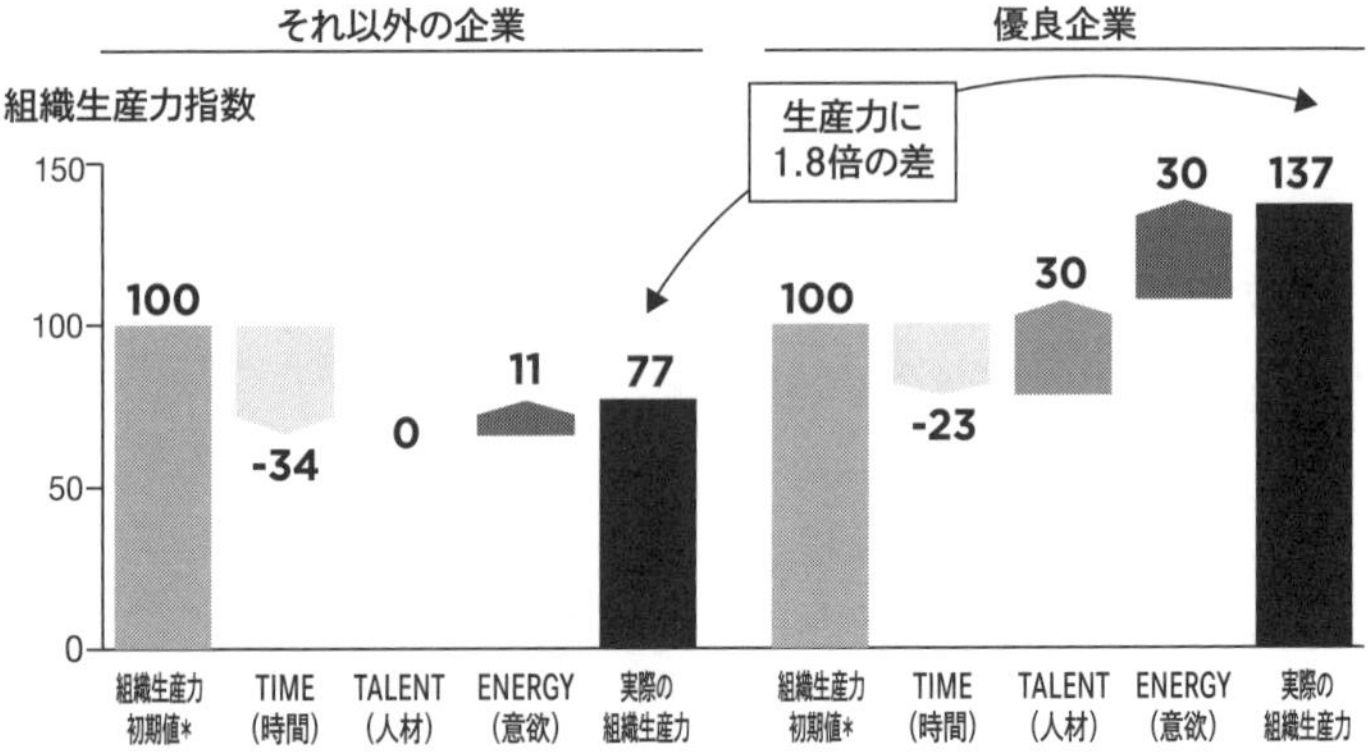

＊概ね満足し、生産的な労働に所定の時間を100%使える社員が
平均的な割合で存在する場合の組織の生産力を100としている

出所：ベイン/プレジデント合同調査（N = 462）

ネジメントの拙さで棄損している。これが日本企業全体とグローバルとの平均組織生産力の差の元凶なのだ。

日本のそれ以外の企業（下位4分の3）では、時間がマイナス34、人材はプラスマイナス0、意欲による挽回は11にとどまる。グローバルのそれ以外の企業（下位4分の3）との比較では、時間でマイナス10、人材でマイナス4、意欲でマイナス11とすべてにわたって大きく差をつけられている。

日本の優良企業とそれ以外の企業（下位4分の3）を比較しても1・8倍の差を生んでいる。ここでは、時間で11、人材で30、意欲で19とTTEすべての要素おいて大きな差が見受けられる。日本企業の組織マネジメントからくる優勝劣敗が明らかであるが、これは上位4分の1の優良企業がグローバルに伍したマネジメントを設計・運用しているのに対し、それ以外の企業がまだ抜本的なマネジメント・仕組みの改革ができていないということだ。

よい知らせとしては、日本企業でもきちんと組織生産力を上げるマネジメントを行っている企業群があるということだ。特筆すべき点は人材と意欲の持つ力で、優良企業では各々30ポイントのポジティブ効果をもたらし、グローバルの優良企業をわずかながらも上回っている。適材適所、人材育成と抜擢、意欲を掻き立てるリーダー、それを支える評価・報酬・登用の仕組みがしっかりしていることの裏返しであろう。

日本企業への意味合い

ここまで日本企業の組織生産力とグローバルとの比較をしてきた。日本企業はM&Aも通じて積極的にグローバル進出を果たしており、海外市場での成長が必至となっている。ここで視点を変えて以下を問うてみよう。

「もしもあなたが日本企業に買収された海外企業の社員だったとしたら？」

「それも、買収した日本企業が それ以外の企業（下位4分の3）の組織マネジメント力であったなら？」

組織マネジメント力にグローバルと日本企業とで歴然とした差があることから、買収された海外企業は一気に組織生産力が落ちてしまうことになるはずだ。以下は日本企業の海外M&Aとその後のマネジメントで実際によく見受けられる深刻な問題である。

時間（Time） 大企業病の典型例として、日本の本社のスタッフが何重にもミーティングや介入をしてくる人材（Talent） 買収先の経営陣の報酬が日本の経営陣よりも高かったりすることに仕組みが追いつかず、国内本社が右往左往。買収企業の優秀な人材のグループへの登用や活用ができない

意欲（Energy） 大企業病や実力への評価・報酬の曖昧さから、帰属意識がなくなり、優秀な人材が辞めてしまう

裏を返せば、これらは日本企業の組織マネジメントの課題と合致していないだろうか。国内外を問わず、組織に最大の生産力を発揮するマネジメントには以下が改めて問われているといえよう。

時間（Time） シンプルな組織と迅速な意思決定プロセスに向けた会議体や組織の構造改革

人材（Talent） 戦略に合致した、最適人材の適材適所の配置。育成、採用、抜擢、登用を通じた人材マネジメント

意欲（Energy） 企業ミッション、仕事のやりがいを企業と個人のレベルで満足させることでやる気を奮い立たせるリーダー

個の生産性向上努力だけではもう戦っていけない。右肩上がりの成長が終わり、人口減が始まった、高齢化の進む日本では、世界中のどこよりも労働力不足が深刻化する。組織生産力という課題においてはある種先進国といえる。

このことは、グローバルな勝負の第2ステージに入った日本企業にはとりわけ重要である。本書に展開されているグローバル企業の事例からも、組織生産力マネジメントは、ボーダレスな課題であり、先に打開できればきわめて強いインパクトを複利でもたらすのだ。

組織の生産力を減らさず、増幅させるのはリーダーであり、その戦略と組織マネジメント力が勝負を分ける。時間、人材、意欲はシンプルながらも組織の力を高め、最大限に発揮するための戦略マネジメントの肝である。

日本企業のリーダーがグローバルの組織生産力のベストへと競争力を引き上げ、グローバルの規範となっていかれることを大いに期待したい。

『巨象も踊る』(ルイス・V・ガースナー著，山岡 洋一，高遠 裕子訳、日本経済新聞社、2002 年)

2. "Futurestep survey: organizational culture and employer brand are top competitive advantages when recruiting talent," Korn Ferry Futurestep blog, June 16, 2015, http://www.futurestep.com/news/ futurestep- survey- organizational- culture- and- employer- brand-are- top-competitive-advantages-when-recruiting-talent.

3.「Founder's Mentality」(創業メンタリティ)は Bain & Company, Inc. の登録商標

4. Chris Zook and James Allen, The Founder's Mentality: How to Overcome the Predictable Crises of Growth (Boston: Harvard Business Review Press, 2016).
『創業メンタリティ』(クリス・ズック，ジェームズ・アレン著、火浦俊彦監訳、門脇弘典訳、日経 BP 社、2016 年)

5. Philip E. Tetlock and Dan Gardner, Superforecasting: The Art and Science of Prediction (New York: Crown, 2015).
『超予測力』(フィリップ・E・テトロック，ダン・ガードナー著、土方奈美訳、ハヤカワ書房、2016 年)

❖ エピローグ

1. National Bureau of Economic Research, "US Business Cycle Expansions and Contractions," September 20, 2010, http://www. nber.org/cycles.html.

2. Darrell K. Rigby and Mark Gottfredson, "Winning in Turbulence: The Power of Managing Complexity," Harvard Business Review , February 23, 2009, https://hbr.org/2009/02/winning-in-turbulence-the-powe.

3. Robert J. Gordon, The Rise and Fall of American Growth:The U.S. Standard of Living Since the Civil War (Princeton, NJ:Princeton University Press, 2016).

4. Karen Harris, Andrew Schwedel, and Austin Kimson, "A World Awash in Money," Bain Report , November 14, 2012, http://www.bain.com/publications/articles/a-world-awash-in-money.aspx.

5. Dr. John Sullivan, "10 Compelling Numbers That Reveal the Power of Employee Referrals," Eremedia, May 7, 2012, http://www.eremedia.com/ere/10- compelling- numbers- that-reveal-the-power-of-employee-referrals.

6. Lazlo Bock, Work Rules!: Insights from Google That Will Transform How You Live and Lead (New York: Twelve, 2015).
『ワーク・ルールズ！』(ラズロ・ボック著、鬼澤忍，矢羽野薫訳、東洋経済新報社、2015 年)

5. "NASCAR Pit Crew," Sports Science , Season 4, Episode 33.

6. Matthew Yglesias, "Who's the Boss?" Slate, October 12, 2012. http://www.slate.com/articles/business/small_business/2012/10/the_value_of_a_good_boss_stanford_researchers_show_the_economic_value_of.html

7. Edward P. Lazear, Kathryn L. Shaw, and Christopher T. Stanton, "The Value of Bosses," National Bureau of Economic Research, August 2012.

8. Ning Li, Helen H. Zhao, Sheryl L. Walter, Xin- An Zhang, and Jia Yu, "Achieving more with less: Extra milers' behavioral influence in teams," Journal of Applied Psychology 100.4 (July 2015): 1025-1039.

9. Kurt Eichenwald, "Microsoft's Lost Decade," Vanity Fair, August 2012, http://www.vanityfair.com/news/business/2012/08/microsoft-lost-mojo-steve-ballmer .

10. Rob Cross, Reb Rebele, and Adam Grant, "Collaborative Overload," Harvard Business Review , January-February 2016, https://hbr.org/2016/01/collaborative-overload.

❖第6章

1. Zeynep Ton, The Good Jobs Strategy: How the Smartest Companies Invest in Employees to Lower Costs and Boost Profits(New York: Houghton Mifflin Harcourt, 2014).

2. Daniel Pink, Drive: The Surprising Truth About What Motivates Us (New York: Riverhead Books, 2011).
『モチベーション 3.0』(ダニエル・ピンク著、大前 研一訳、講談社、2015 年)

3. Jennifer Robin, "The Path that Builds Trust," Great Place to Work blog, August 29, 2013, http://www.greatplacetowork. com/ events- and- insights/blogs-and-news/2245-one-rule#sthash.EorfKmNT.dpbs .

4. Humayun Khan, "How Nordstrom Made Its Brand Synonymous With Customer Service (and How You Can Too)," Shopify, May 2, 2016, https://www.shopify.com/retail/119531651- how-nordstrom- made- its- brand- synonymous- with- customer-service-and-how-you-can-too.

5. Christian Conte, "Nordstrom customer service tales not just legend," Jacksonville Business Journal, September 7, 2012, http://www.bizjournals.com/jacksonville/blog/retail_radar/2012/09/nordstrom-tales-of-legendary-customer.html.

6. Henrik Kniberg, "Spotify Engineering Culture (parts 1 & 2)," Spotify Labs blog, March 27, 2014, https://labs.spotify. com/2014/03/27/spotify-engineering-culture-part-1.

❖第7章

1. Louis V. Gerstner Jr., Who Says Elephants Can't Dance? Inside IBM's Historic Turnaround (New York: HarperBusiness, 2012), 181.

2. Kip Tindell, interview by Adam Bryant, "Three Good Hires? He'll Pay More for One Who's Great," New York Times , March 13, 2010, http://www.nytimes.com/2010/03/14/business/14corners. html?_r=0.

3. Steve Jobs, interview by Bob Cringely, "Steve Jobs The Lost Interview," YouTube, February 24, 2015, https://www.youtube.com/watch?v=U-rA-LWamoI.

4. R. I. M. Dunbar, "Coevolution of neocortical size, group size, and language in humans," Behavioral and Brain Sciences 16.4 (1993): 681-735.

5. Rachel Feintzeig, "Are Companies Good at Picking Stars?," Wall Street Journal , June 16, 2014, http://www.wsj.com/articles/are- companies- any-good-at-picking-stars-1434486106.

6. Walter Mischel and Yuichi Shoda, "A Cognitive- Affective System Theory of Personality: Reconceptualizing Situations, Dispositions, Dynamics, and Invariance in Personality Structure," Psychology Today , April 1995.

7. Christiane Correa, Dream Big: How the Brazilian Trio Behind 3G Capital— Jorge Paulo Lemann, Marcel Telles and Beto Sicupira—Acquired Anheuser- Busch, Burger King and Heinz (Rio de Janeiro:Sextante, 2014).

8. Kenneth P. De Meuse, Guangrong Dai, George S. Hallenbeck, and King Yii Tang, "Using Learning Agility to Identify High Potentials around the World," Korn Ferry Institute Research Study, 2009.

9. O. G. Selfridge, "Pandemonium: A Paradigm for Learning,"National Physical Laboratory Symposium No. 10, November 1958.

10. Reid Hoffman, Ben Casnocha, and Chris Yeh, The Alliance : Managing Talent in the Networked Age (Boston: Harvard Business Review Press, 2014).
『ALLIANCE アライアンス』(リード・ホフマン , ベン・カスノーカ , クリス・イェ著、篠田真貴子監訳、倉田 幸信訳、ダイヤモンド社、2015 年)

❖ 第5章

1. Michael C. Mankins, Alan Bird, and James Root, "Making Star Teams Out of Star Players," Harvard Business Review , January - February 2013, https://hbr.org/2013/01/ making- star-teams-out-of-star-players.

2. NASA Associate Deputy Administrator for Policy, "Falcon 9 Launch Vehicle NAFCOM Cost Estimates," August 2011, https:// www.nasa.gov/pdf/586023main_8-3-11_NAFCOM.pdf.

3. Walter Isaacson, Steve Jobs (New York: Simon & Schuster, 2011).
『スティーブ・ジョブズ』(ウォルター・アイザックソン著、井口 耕二訳、講談社、2011 年)

4. Julia Zorthian, "How Toy Story Changed Movie History,"Time , November 19, 2015, http://time.com/4118006/20-years-toy-story-pixar.

『スティーブ・ジョブズ』(ウォルター・アイザックソン著、井口 耕二訳、講談社、2011年)

6. Ryan Fuller, "Quantify How Much Time Your Company Wastes," Harvard Business Review , May 28, 2014, https://hbr. org/2014/05/ quantify- how-much-time-your-company-wastes.

7. Marcia W. Blenko, Paul Rogers, and Michael C. Mankins, Decide and Deliver: Five Steps to Breakthrough Performance in Your Organization (Boston: Harvard Business Review Press, 2010).

✣第3章

1. Mark Gottfredson and Michael C. Mankins, "Four Paths to a Focused Organization," Bain Brief, January 15, 2014, http://www.bain.com/publications/articles/ four-paths-to-a-focused-organization.aspx.

2. "Driving the Strategic Agenda in the New Work Environment," CEB, 2015, https://www.cebglobal.com/content/dam/cebglobal/us/EN/ talent- management/workforce-surveys/pdfs/CEB-Survey-Solutions.pdf を参照。Brian Kropp の引用元は、Rachel Feintzeig, "So Busy at Work, No Time to Do the Job," Wall Street Journal , June 28, 2016, http://www.wsj.com/articles/so-busy-at-work-no- time-to-do-the-job-1467130588.

3. Mike Myatt, "Span of Control— 5 Things Every Leader Should Know," Forbes , November 5, 2012, http://www.forbes.com/ sites/mikemyatt/2012/11/05/ span- of- control- 5-things-every-leader-should-know.

4. Michael C. Mankins, "The True Cost of Hiring Yet Another Manager," Harvard Business Review, June 2, 2014, https://hbr. org/2014/06/ the- true- cost-of-hiring-yet-another-manager.

5. Marcia W. Blenko, Eric Garton, and Ludovica Mottura, "Winning Operating Models That Convert Strategy to Results," Bain Brief , December 10, 2014, http://www.bain.com/publications/articles/winning- operating- models-that-convert-strategy-to-results.aspx.

6. Torsten Lichtenau, John Smith, and Sophie Horrocks, "Tackling Complexity: How to Create Simple and Effective Organizations," Bain Brief , June 17, 2015, http://www.bain.com/publications/articles/tackling- complexity- how- to-create-simple-and-effective-organizations.aspx.

7. Paul Rogers and Marcia W. Blenko, "Who Has the D?: How Clear Decision Roles Enhance Organizational Performance," Harvard Business Review , January 2006, https://hbr.org/2006/01/ who-has-the-d-how-clear-decision-roles-enhance-organizational-performance.

✣第4章

1. Michael C. Mankins, Alan Bird, and James Root, "Making Star Teams Out of Star Players," Harvard Business Review , January-February 2013, https://hbr.org/2013/01/ making- star-teams-out-of-star-players.

原注

出典のない引用その他事実に基づく資料は、著者またはその他のベイン・アンド・カンパニー関係者によるインタビューで得られたものである。

❖ プロローグ

1. Karen Harris, Andrew Schwedel, and Austin Kimson, "A World Awash in Money," Bain Report , November 14, 2012, http://www.bain.com/publications/articles/a-world-awash-inmoney.aspx.

2. Patty McCord, "How Netflix Reinvented HR," Harvard Business Review , January - February 2014, https://hbr.org/2014/01/how-netflix-reinvented-hr.

3. Bill Taylor, "How One Company's Turnaround Came from the Heart," Harvard Business Review, March 30, 2010, https://hbr.org/2010/03/how-one-copmanys-turnaround.

4. Christiane Correa, Dream Big: How the Brazilian Trio Behind 3G Capital— Jorge Paulo Lemann, Marcel Telles and Beto Sicupira—Acquired Anheuser- Busch, Burger King and Heinz (Rio de Janeiro:Sextante, 2014).

❖ 第 1 章

1. Bureau of Labor Statistics, "Productivity and Costs by Industry: Selected Service-Providing Industries, 2015," Long run labor productivity, unit labor costs, and related data, Table 2, http://www.bls.gov/news.release/prin2.nr0.htm.

2. Tom Monahan, "The Hard Evidence: Business Is Slowing Down," Fortune , January 28, 2016, http://fortune.com/2016/01/28/business-decision-making-project-management.

3. Andrew Hill, "Business: How to topple bureaucracy," Financial Times , April 14, 2016, http://on.ft.com/264hkWx.

❖ 第 2 章

1. Andrew Grove, Computer Decisions 16 (1984): 126.

2. Michael C. Mankins, Chris Brahm, and Greg Caimi, "Your Scarcest Resource," Harvard Business Review , May 2014, https://hbr.org/2014/05/your-scarcest-resource.

3. Michael C. Mankins, "This Weekly Meeting Took Up 300,000 Hours a Year," Harvard Business Review , April 29, 2014, https://hbr.org/2014/04/ how- a- weekly- meeting-took-up-300000-hours-a-year.

4. Adele Peters, "Why Sweden is Shifting to a 6-Hour Workday," Fast Company Co.Exist, September 29, 2015, http://www.fastcoexist.com/3051448/ why- sweden- is- shifting- to-a-6-hour-work-day.

5. Walter Isaacson, Steve Jobs (New York: Simon & Schuster, 2011).

著者

マイケル・マンキンス Michael Mankins

ベイン・アンド・カンパニー サンフランシスコオフィスのパートナーであり、米州の組織プラクティスのリーダー。25年以上にわたり、企業が長期的な成長を遂げるための組織戦略の策定に携わっている。

エリック・ガートン Eric Garton

ベイン・アンド・カンパニー シカゴオフィスのパートナーであり、グローバルの組織プラクティスのリーダー。約20年にわたり、組織デザインや企業統合、コスト削減等のプロジェクトを手がけている。

監訳・解説者

石川 順也

ベイン・アンド・カンパニー 東京オフィスのパートナー。日本における組織プラクティスのリーダー。

西脇 文彦

ベイン・アンド・カンパニー 東京オフィスのプリンシパル。日本における組織プラクティスのメンバー。

堀之内 順至

ベイン・アンド・カンパニー 東京オフィスのプリンシパル。日本における組織プラクティスのメンバー。

翻訳者

斎藤 栄一郎

主に情報通信、経営分野の翻訳に従事。訳書に『イーロン・マスク 未来を創る男』（アシュリー・バンス著）など。

TIME TALENT ENERGY

2017年10月22日　第1刷発行
2017年12月18日　第2刷発行

著　者　マイケル・マンキンス，エリック・ガートン
監訳・解説者　石川順也　西脇文彦　堀之内順至
翻訳者　斎藤栄一郎
発行者　長坂嘉昭
発行所　株式会社プレジデント社
〒102-8641　東京都千代田区平河町 2-16-1
平河町森タワー 13 階
電話：編集 (03)3237-3732
販売 (03)3237-3731
編　集　中嶋　愛
装　丁　竹内雄二
制　作　関　結香
販　売　桂木栄一　高橋 徹　川井田美景
森田 巖　遠藤真知子　末吉秀樹
印刷・製本　凸版印刷株式会社

©2017 Eiichiro Saito
ISBN978-4-8334-2243-7
Printed in Japan
落丁・乱丁本はおとりかえいたします。